Monika Nowotny

IronMom

Monika Nowotny

IronMom

Der ultimative Trainingsratgeber
für den härtesten Sport der Welt

KREUZ

© KREUZ VERLAG
in der Verlag Herder GmbH, Freiburg im Breisgau 2011
Alle Rechte vorbehalten
www.kreuz-verlag.de

Umschlaggestaltung und Konzeption:
Agentur R.M.E Eschlbeck / Hanel / Gober
Umschlagmotiv: © Designbüro gestaltungssaal, Sabine Hanel
Autorenfoto: © privat

Satz: de·te·pe, Aalen
Herstellung: fgb · freiburger graphische betriebe
www.fgb.de

Gedruckt auf umweltfreundlichem, chlorfrei gebleichtem Papier
Printed in Germany

ISBN 978-3-451-61065-3

Inhalt

Einleitung	9
Vom Qualifying direkt zum Warm-up	13
Lockeres Aufwärmtraining	14
Test: Bin ich fit für die Ironmom?	18
Aufwärmübungen mit gesteigerter Intensität	20
Warm-up extrem: Schlachtfeld Erstausstattung	22
Trainingstagebuch: Einfach nur ein Kinderwagen?	24
Trainingsstart: Zuhause oder im Studio?	27
Die erste Trainingseinheit	29
Das Work-out beginnt: Erstens kommt es anders, und zweitens als man denkt	29
Der ideologische Hürdenlauf beginnt. Hürde 1: Der Wunschkaiserschnitt	31
Nach dem Work-out: Mythos »sanfte Geburt«	34
Die Still-Übung: Der Brustton der Überzeugung	35
Die zweite ideologische Hürde: Ist Breast immer best?	38
Motivation: Das Baby ist da!	43
Die zweite Trainingseinheit	45
Das 24h-Zirkeltraining: Relevante Übungen auf einen Blick	45

Die dritte ideologische Hürde: Der Tragling
und die Relevanz der »Anhock-Spreizhaltung« 48
Hilfreiche Trainingstipps: Mythos Trainingspartner
und die »Irgendwas ist immer«-Methode 51
Statt Trillerpfeife: Das Baby schreit 53
Trainingsplan? Theorie und Praxis 56
Jeder Schritt hält fit:
Kalorien- und Energieverbrauch 60
Motivation: Aufgeben gibt es nicht 62
Regeneration: Outdoor-Übungen
und Gesprächsstoff 63
Trainingstagebuch: »iPod-Baby 65
Ernährung: Kalte Würstchen statt Lollo Rosso 68
Outfit: Funktional schlägt sexy 69
Erschwerte Trainingsbedingungen:
Postnatale Depression 70

Die dritte Trainingseinheit 73
Aufbauendes Intervalltraining:
Der Spagat zwischen Hausarbeit und Babygeschrei 73
Erste sichtbare Trainingseffekte:
Muskelklasse statt Masse 76
Bauch, Beine, Po: Baby-Schaukel, Shop-Stepper,
Baby-Sprint und mehr 76
Psychische Trainingseffekte: Ist das noch
Säuglingspflege oder schon Grenzerfahrung? 80
Motivation: Was Hänschen nicht lernt –
erste Leistungskurse 85
Konkurrenzverhalten:
Die Konkurrenz schläft nicht 86
Trainingstagebuch: Solidarität unter Müttern? 86

Regeneration: Zen, Autopilot und die Abschaffung
des schlechten Gewissens 93

Kurze Verschnaufpause 99

Die vierte Trainingseinheit 101
Freizeitsport »Beine hoch« 101
Zusatzgewicht Ratgeberliteratur. Oder:
Wie das schlechte Gewissen einem Beine macht 103
Trainingstagebuch: Wie bei Muttern? 107
Die vierte ideologische Hürde:
»Auf die richtige Ernährung kommt es an!« 109
Höher, schneller, weiter ... Zusatzdisziplinen
im Überblick 115
Die Partner-Übung: »Haben Sie noch Sex –
oder schon Kinder?« 115
Selbstvorwurfs- und Vorwurfs-Übungen,
versteckt und offen 120
Wut-Übungen: OOOOUUUUÄÄÄHHHH!! 122
Motivaton: Das Leben ist schön 123
Regeneration: Vorkindliche Gedankenspiele
oder unbeschreiblich weiblich 125

Die fünfte Trainingseinheit 127
Trainieren ohne Sinn und Verstand? 127
*Trainingstagebuch: Ich werde das Kind
schon schaukeln* 131
Der neue Szene-Treff: Spielplätze 133
Die fünfte ideologische Hürde: »Betreust du
dein Kind noch oder arbeitest du schon?« 138
Schlachtfeld Rollenverteilung 142

Trainingstagebuch: Alltägliches Vielerlei 142
Schützenhilfe: Zahlen und Fakten 150
Trainingstagebuch: Rabenvater? 151
Mentale Fitness: Bewegung für die grauen Zellen 153
20 Sätze à 150 Wiederholungen. Oder: Selten
so viel geredet und so wenig gesagt 156
Trockenübung: »Das habe ich so nicht gesagt!« 158
Sprachliche Performance: Abzug in der B-Note 159
Selbsttest: Wie groß ist Ihr Appellohr? 162
Regeneration: Mentales Power-Training,
Ententeiche und Chianti 166
Regeneration für Fortgeschrittene:
Weniger ist mehr 175

Ein Jahr Ironmom: Siegerehrung 177

Literatur 180

Einleitung

> »*I've got the Power*«
> Snap 1990

Millionen von Frauen absolvieren Jahr für Jahr eine der härtesten Sportarten der Welt: Die »Ironmom«. Anders als beim aus den Medien bekannten »Ironman«, der längsten ausgetragenen, beinharten Langstrecken-Distanz im Triathlon, handelt es sich bei der Ironmom um einen Extremsport, nicht Tri- sondern Megaathlon: Er besteht aus 86 bis 112 Disziplinen, die teilweise synchron praktiziert werden müssen. Und permanent. Tag für Tag, über Jahre hinweg.

Viele Sportlerinnen sind schlecht oder gar nicht auf diesen körperlichen und geistigen Hochleistungssport vorbereitet. Wie sollten sie auch? Schließlich handelt es sich um einen Extremsport, der von heute auf morgen losgeht.

Hier ist Ironmom als umfangreiches Trainingshandbuch der unerlässliche Ratgeber. Er nimmt die Athletin bereits vor dem Startschuss an die Hand und gibt einen Überblick über die wesentlichen Trainingseinheiten und deren Abfolge. Schonungslos und in aller Härte.

Jede Trainingseinheit wird detailliert beschrieben, die auszuübenden Disziplinen werden ausführlich dargestellt und mit gezielten Übungs- und Trainingsratschlägen versehen. Zu jeder Trainingseinheit gibt es viele nützliche Informationen, Tipps und Tricks, wie man die Herausforderungen (halbwegs) unbeschadet übersteht. Auszüge aus

Trainingstagebüchern sich bereits im Rennen befindlicher Athletinnen bieten einen guten – und manchmal tröstlichen – Einblick in die Praxis. Zusätzlich bietet das Handbuch zahlreiche Infos zu Motivations- sowie Regenerationstechniken wie auch Hinweise zu relevantem Equipment und passendem Outfit.

Alles in allem ermuntert Ironmom dazu, die Herausforderungen des Mutterseins unter sportlichem Aspekt zu betrachten:

Selten im Leben wird man sich so viel bewegen wie in den ersten Jahren der Ironmom.

Selten im Leben wird man mit so vielen körperlichen und geistigen Herausforderungen konfrontiert. Und muss sich ihnen stellen, ob man will oder nicht. Ohne Ausrede, denn die gibt es nicht. Und ohne die Möglichkeit, aufzugeben.

Selten im Leben wird man mit so vielen ideologischen Hürden (beispielsweise hinsichtlich Stillen, Babyernährung, Tragen des Babys, Früherziehung) konfrontiert, die es derart in sich haben. Die Gefahr, diesen ideologischen Hürdenlauf nicht ohne nennenswerte Verletzungen zu absolvieren, ist groß, da die Teilnehmerzahl in dieser gefährlichen Disziplin relativ hoch ist. Und damit auch das Risiko, verbal massiv attackiert zu werden.

Im Rahmen der Ironmom wird man Tausende von Übungen absolvieren, mit unzähligen Wiederholungen, sich körperlich verausgaben und oft über sich hinauswachsen.

Man wird viel an der frischen Luft sein und seine Schlaf- und Ernährungsgewohnheiten umstellen.

Man wird manchmal vor Erschöpfung weinen, aber auch unendlich viel lachen.

Man wird Rückschläge erleben, aber auch Millionen kleiner Fortschritte.

Man wird vor Frust fluchen, aber auch vor Glück strahlen.

Man wird an seine Grenzen stoßen und sie überwinden.

Man wird von Müdigkeit überwältigt, aber auch von großartiger Liebe.

Man ist am Boden zerstört und erlebt den Himmel auf Erden.

Man ist völlig verzweifelt, aber auch restlos zufrieden.

Um es auf den Punkt zu bringen: Jede Ironmom absolviert die härtesten physischen und psychischen Disziplinen der Welt.

Eine Tour de Force. Tag für Tag, Woche für Woche, Monat für Monat und Jahr für Jahr.

Ausdauer wird ebenso trainiert wie Kraft und Kondition, die Fettverbrennung wird angeregt, der Muskelaufbau nahezu jeder einzelnen Muskelgruppe (besonders Oberarme, aber auch Bauch, Beine, Po) gesteigert und das Herz-Kreislauf-System gestärkt. Gleichzeitig wird die geistige Beweglichkeit trainiert, durch vielseitige, oft unvorhergesehen auftretende mentale Herausforderungen.

Ist es nicht daher das Beste, diese Herausforderung sportlich zu nehmen? Im Idealfall mit Humor, Freude an der Sache und der nötigen Portion Gelassenheit und Pragmatismus, aber auch mit Biss und Durchhaltevermögen.

Dieser Personal Trainer im Buchformat möchte jede werdende beziehungsweise frischgebackene Mutter dabei unterstützen: als Ratgeber, Begleiter, Motivator, Freund, Verbündeter und Trostspender in einem. Darüber hinaus ist »Ironmom« vor allem eines: eine Hommage an die wahren Spitzensportler dieser Welt – die Mütter.

Vom Qualifying direkt zum Warm-up

>*»It started with a kiss«*
> Hot Chocolate 1982

Herzlichen Glückwunsch! Mit Ihrem Mutterpass halten Sie Ihre Teilnahmebestätigung in der Hand: Sie haben sich als Athletin für die Ironmom qualifiziert. Nun haben Sie fast 40 Wochen Zeit, um zu trainieren. Theoretisch. Praktisch eher nicht, denn anders als bei allen anderen Sportarten dieser Welt, ist ein wesentliches Merkmal der Ironmom, dass es von heute auf morgen losgeht.

Natürlich gibt es die eine oder andere sinnvolle Aufwärmübung: diverse Ratgeber, die man vorab schon mal durchblättern kann, Erstlingsaustattungen, die man käuflich erwirbt oder sich schenken lässt, und intensive Gespräche mit Ironmoms, die bereits im Rennen sind. Allerdings sollte man bei diesen Gesprächen berücksichtigen, dass es solche und solche gibt. Unterhaltungen mit rein euphorisierenden Inhalten à la »Emma hat unser Leben ja soo bereichert, ein Lächeln und schon geht die Sonne auf«, aber auch das Gegenteil: »Ich habe schon seit Wochen nicht länger als eine Stunde am Stück geschlafen.« Insgesamt kann es aber nicht schaden, so viele Gespräche wie möglich mit Profis zu führen, um sich ein halbwegs ausgewogenes Bild zu machen und dadurch das gute Gefühl zu gewinnen, man wisse nun wenigstens, »was da auf einen zukommen wird«.

Es kommt sowieso anders.

Lockeres Aufwärmtraining

Grundsätzlich muss man in der Warm-up-Phase zwischen körperlichen und mentalen Übungen unterscheiden. Das körperliche Warm-up passiert glücklicherweise automatisch. Und es wird ärztlich begleitet und dokumentiert.

Relevante Werte werden im Mutterpass eingetragen und regelmäßig ärztlich überwacht. Wesentliche Ernährungstipps bekommt man vom Arzt (kein Alkohol, kein Nikotin), weitere entweder aus diversen Publikationen zum Thema oder von anderen Anwärterinnen, die sich ebenfalls in der Warm-up-Phase befinden. Auch hier sollte man beachten, dass solche und solche existieren: Es gibt Anwärterinnen, die 100-prozentig auf Nummer sicher gehen wollen, jedem Käse einen Rohmilchanteil unterstellen und sich die Nase zuhalten, wenn sie hinter einem LKW die Straße überqueren. Und es gibt andere, die darauf verweisen, dass die Italienerinnen bestimmt nicht auf Parmesan und Parmaschinken verzichten und dennoch hauptsächlich gesunde Kinder zur Welt bringen. Hier ist jede angehalten, ihre eigene Philosophie zu finden.

Schwierig und zeitaufwändig ist die Suche im Netz, wenn man versucht, 100-prozentige Sicherheit und Gewissheit zu ergoogeln.

So kann man gut und gerne Wochen und Monate damit verbringen, durch die unterschiedlichsten Foren zu irren, dabei Phasen totaler Panik durchleben (»War das Steak letzte Woche beim Italiener auch wirklich durch?«, »Warum hab ich nur Brittas Katze gestreichelt?«), nur, um

Neulich im Netz: Matjes in der Schwangerschaft

»Hallo !
Wir essen gerne Matjes mit Pellkartoffeln und Quark. Jetzt bin ich mir aber nicht sicher ob ich Matjes überhaupt essen darf. Was meint ihr dazu? Danke für eure Antworten!
Gruß Tanja«

»Hallo!
Darfst Du, wg. des Einlegens in Salzlake haben Keime keine Chance.
LG Leila«

»Hallo,
laut der Lebensmitteltabelle die ich im Internet gefunden habe darf man keine Matjes essen!
LG Schnucki«

»Also Matjes ist ja der rohe Fisch, den man normalerweise mit Zwiebeln und Brötchen isst. gell? Den darfst Du nicht essen, aber das was Du beschreibst, klingt nach Heringstip, das darfst Du wiederum essen
Suse«

»Man darf ihn in der SS essen :)
LG Luna123«

Quelle: http://www.wunschkinder.net/forum/read/2/4721592 (15.02.2011) schlussendlich frustriert zu der Erkenntnis zu gelangen: Gesicherte Erkenntnisse gibt es nicht. Dafür aber eine Menge Krankheiten, von denen man vorher gar nichts wusste: Gestationsdiabetes bei 5 bis 10 Prozent aller Schwangeren (gar nicht mal so wenig!), Toxoplasmose: über 70 Prozent der Deutschen sind infiziert (Hilfe!), Listeriose, übertragen durch Listerien in verunreinigten pflanzlichen und tierischen Lebensmitteln.

1001 Antworten im Netz finden sich auch zu den Fragen der Gewichts-, Brust- und Hüftumfangszunahme. Auch hier ergibt die unermüdliche Recherche im World Wide Web: Verbindliche Erkenntnisse und Werte gibt es nicht, lediglich individuelle Unterschiede, und die sind oftmals genetisch bedingt.

Weitere Hilfsmittel, zu denen in der Warm-up-Phase gerne gegriffen wird, sind Hautöle gegen Schwangerschaftsstreifen, Brustbalsame und Beinlotionen, Shampoos und Feuchtigkeitscremes speziell für Schwangere sowie verschiedene Nahrungsergänzungspräparate. Auch hier führen alle Erkundungen zu dem einen Schluss: Man tut gut, sein eigenes Maß beziehungsweise die fürs eigene Wohlbefinden förderlichen Produkte zu finden. Und tröstlicherweise davon auszugehen, dass, solange von ärztlicher Seite kein Warnschuss kommt, der Körper das schon richtig macht und alles seinen natürlichen Gang nimmt.

Über diese Fähigkeit des weiblichen Körpers, mit den härtesten Belastungen ohne viel Aufhebens automatisch fertig zu werden, wird man nach dem Startschuss noch oft genug staunen.

Während der Körper sich nahezu von alleine auf den großen Moment vorbereitet, tut sich das Gehirn mit seiner mentalen Vorbereitung deutlich schwerer. Es konfrontiert einen – gerne aus dem Nichts heraus – mit 1000 Fragen, Ängsten, Selbstzweifeln und Unsicherheiten. Inwieweit das hormonell bedingt oder unseren westlichen Lebensgewohnheiten – der zunehmenden Individualisierung, dem Fehlen eines engen Familienzusammenhalts und damit ausreichender innerfamiliärer Ratschläge – geschuldet ist, mit dieser Frage beschäftigen sich zahlreiche Studien.

Hilfreich ist es, seine Gedanken zum Thema zu sammeln und zu ordnen. Der folgende Test kann dabei behilflich sein, die mentale Fitness für das sportliche Großereignis zu überprüfen.

TEST: Bin ich fit für die Ironmom?

Bitte kreuzen Sie zu den nachfolgenden Aussagen jeweils Ihre Haltung an:

1. Ich liebe unvorhergesehene Herausforderungen.
   ☐ Ja   ☐ Nein   ☐ Ich weiß nicht

2. Ich reagiere auf Herausforderungen mit 100 Prozent Einsatz, körperlich und mental.
   ☐ Ja   ☐ Nein   ☐ Ich weiß nicht

3. Bei einem Projekt, das mich interessiert, gebe ich alles. Mir ist es egal, dass ich vorher nicht genau weiß, was hinterher dabei rauskommt. Wichtig ist, dass ich mein Bestes gegeben habe.
   ☐ Ja   ☐ Nein   ☐ Ich weiß nicht

4. Ich kenne meine körperlichen Grenzen, überschreite sie aber auch, wenn es einer Sache, die mir wichtig ist, dienlich ist.
   ☐ Ja   ☐ Nein   ☐ Ich weiß nicht

5. Mir ist es egal, wenn nicht immer alles nach Plan läuft. Ich verliere auch im Chaos nicht den Überblick.   ☐ Ja   ☐ Nein   ☐ Ich weiß nicht

6. Ich bin ein geduldiger Mensch. Bei mir muss nicht alles auf Anhieb funktionieren. Denn ich weiß: »Gut Ding will Weile haben.«
   ☐ Ja   ☐ Nein   ☐ Ich weiß nicht

7. Laufen die Dinge nicht nach Plan, mache ich trotzdem das Beste daraus.
☐ Ja ☐ Nein ☐ Ich weiß nicht

8. Ich bin tolerant. Tickt jemand anders als ich, kann ich gut damit umgehen.
☐ Ja ☐ Nein ☐ Ich weiß nicht

9. Die Bedürfnisse anderer sind mir oft wichtiger als meine eigenen. Das heißt, ich kann meine Bedürfnisse auch mal zurückstellen.
☐ Ja ☐ Nein ☐ Ich weiß nicht

10. Ich bin bereit für die größte Liebe meines Lebens. ☐ Ja ☐ Nein ☐ Ich weiß nicht

Auswertung

Wenn Sie überwiegend »Ja« angekreuzt haben: Mental sind Sie in jedem Fall gut gerüstet für die Herausforderungen der Ironmom. Das ist eine große Hilfe, um die Belastungen der einzelnen Trainingseinheiten erfolgreich zu meistern. Bei Ihnen könnte es lieber heute als morgen losgehen. Genießen Sie die verbleibende Zeit bis zum Startschuss, nutzen Sie sie aber auch, um sich mental wie körperlich in Höchstform zu bringen.

Wenn Sie überwiegend »Nein« angekreuzt haben: Ihre mentale Fitness ist für das anstehende sportliche Großereignis noch nicht besonders gut trainiert.

Das macht aber nichts. Es gibt ja auch Läufer, die fangen einfach an. Während andere sich wochenlang darauf vorbereiten. Wichtig für Sie ist allerdings zu wissen, dass es kein Zurück mehr gibt. Aufgeben ist nicht. Verschwenden Sie keinen Gedanken daran. Das ist der Unterschied zum Laufen.

Wenn Sie überwiegend »Ich weiß nicht« angekreuzt haben:
Sie lassen es darauf ankommen. Das ist gut. Wahrscheinlich haben Sie weder riesige Erwartungen noch große Befürchtungen. Das ist auch gut. Sie sind vermutlich der Typ, der loslegt, wenn er loslegen muss. Und das ist für die Ironmom genau die richtige Einstellung.

Aufwärmübungen mit gesteigerter Intensität

Einige Wochen vor dem Startschuss, dem errechneten Geburtstermin, besuchen die meisten Ironmom-Anwärterinnen einen speziellen Aufwärmkurs. Man kann zwischen Trainingslager an einem Wochenende oder mehreren Einzelterminen wählen und entscheiden, ob man das mit oder ohne Partner angeht. Diese Geburtsvorbereitungskurse haben alle ein Ziel: Sie sollen einen fit machen für das, was da kommt. Und laufen alle recht ähnlich ab.

Man sitzt mit acht bis zehn Gleichgesinnten im Kreis (die Partner sitzen hinter den Athletinnen) und lernt sich kennen und dann die wesentlichen anatomischen Details des Geburtsvorgangs – gern demonstriert anhand einer Puppe in einer Strumpfhose.

Im zweiten Schritt erfährt man Wissenswertes über diverse Atemtechniken und Entspannungsübungen und wie man den Beckenbodenmuskel stärkt. Während von den Atemtechniken und Entspannungsübungen beide Partner profitieren können, stehen beim Beckenbodentraining die Partner etwas außen vor beziehunsweise sitzen ratlos dahinter, wenn es heißt, man solle einen imaginären Pfirsichkern durch die Vagina »aufsaugen – höher, höher, bis in den Mund und dann wieder auspucken«.

Diese Übung sollen die Sportlerinnen am besten täglich und mit mindestens fünf bis sechs Wiederholungen machen. Sie dient der Stärkung des Beckenbodens und hilft, Inkontinenz vorzubeugen. »Und sie sorgt dafür, dass ihr schnell wieder ein aktives und lustvolles Liebesleben genießen könnt.« Schelmisches Lächeln der Leiterin, die auf diese Weise die Aufmerksamkeit der etwas abwesend wirkenden Partner zurückgewonnen hat.

Im weiteren Verlauf des Kurses bekommt man eine Menge Informationen über natürliche Dopingmethoden wie Akupunktur, Homöopathie, Yoga, Massage, Aromatherapie und natürlich Dammmassage.

Und man kann sich austauschen. »In der wie vielten bist du denn?«, »Habt ihr euch schon für eine Klinik entschieden?«, »Zieht es bei dir neuerdings auch so im Rücken? Lange sitzen geht bei mir gaaar nicht mehr!«

Gegen Ende des Kurses weiß man zwar nicht die Namen der Mitstreiterinnen (und Partner), dafür aber genau in welcher Woche (SSW) jede ist, warum wer in welche Klinik geht und wer nachts wegen vermehrten Harndrangs oder schmerzhafter Kindsbewegungen kaum noch schläft.

Man wünscht sich alles Gute und verlässt das Trainingslager.

Bestens vorbereitet. Denkt man.

Warm-up extrem: Schlachtfeld Erstausstattung

Nun sind es nur noch wenige Wochen bis zum Startschuss und die Vorbereitungen laufen auf Hochtouren. Eine der To-do-Listen aus dem Internet oder der Ratgeberliteratur wird abgearbeitet und das Equipment vervollständigt.

Angefangen von der Ausstattung des Kinderzimmers über Kinderwagen, Babytragehilfen, Anziehsachen, Schnuller bis hin zu Windeln ist nahezu jede Anschaffung ein ideologisches Bekenntnis. So gibt es beispielsweise auf die Frage, wo das Kind in den ersten Wochen schläft, verschiedene Antworten – und Produkte. Entscheidet man sich für ein separates Babybettchen? Für die gemeinsame Nachtruhe (haha) im Elternbett? Oder für die Kompromisslösung in Form eines an das Elternbett angedockten Beibettchens? Jede Variante ist ideologisch aufgeladen und gibt Auskunft über die Haltung, die man zu der Frage »Wie viel Nähe braucht das Kind?« hat. Entweder »tagsüber viel, aber nachts soll es lernen, alleine zu schlafen« = eigenes Bett. Oder »viel, aber etwas ungestörten Schlaf brauche ich auch« = Beibettchen. Oder »soviel es geht« = gemeinsame Nachtruhe (noch mal haha) im Elternbett.

Jede Haltung ist natürlich eine ganz persönliche Angelegenheit, anstrengend wird es, wenn sie moralisch bewertet und so getan wird, als gäbe es nur richtige oder falsche Entscheidungen – die dann wieder darüber entscheiden, ob man Gewinner, also GUTE Mutter, oder Verlierer, sprich Rabenmutter, wird.

Speziell zum Thema Tragehilfe spalten sich die Geister und werdende Mütter in verschiedene Lager: Tragetuch versus vorgefertigter Tragegurt. Hier steht die Position »ergonomisch ideal, so machen es auch die Naturvölker« der Haltung »praktische, moderne Zack-zack-Baby-to-go-Lösung« relativ unversöhnlich gegenüber. Tragetuch-Mütter werden gern als »zur Übertreibung neigende Öko-Mamis« hingestellt und Babybjörn-Mütter als »bequeme, gedankenlose Babyrückenschädiger« (siehe auch »Die dritte ideologische Hürde«).

Die Liste der Grabenkämpfe lässt sich beliebig fortführen: Schnuller ja oder nein, wenn ja: aus Kautschuk, Latex oder Silikon? Kindermöbel nur aus Massivholz? Ökologisch korrekt lackiert? Lammfell ja oder nein und so weiter.

Jede Anschaffung will daher wohlüberlegt und gut durchdacht sein. Oder man begibt sich blauäugig und ideologiefrei einfach zu Ikea.

Trainingstagebuch:
Einfach nur ein Kinderwagen?

Von Nele, 32. SSW

»… da hätten wir noch das Mobility-Set Concord.«
»Das was bitte?«
»Das Mobility-Set Concord. Komplett mit Babyschale Concord Ion und Tragetasche Concord Scout. Das komfortable Multitalent, leicht wendig und extrem stabil.«

Jetzt sind wir schon seit einer geschlagenen Stunde hier, inmitten von unzähligen Kinderwagen in allen Formen, Farben und Varianten. Mir raucht der Kopf. Wie naiv von mir, zu denken, man geht rein, kauft einen Kinderwagen und geht wieder raus.
So einen mit vier Rädern und Platz fürs Kind.
Inzwischen habe ich gelernt, dass wir einen Kombikinderwagen brauchen, mit Liegemöglichkeit fürs kleine Baby und Sitzmöglichkeit, wenn es etwas größer ist. Und der nach Möglichkeit Tragschalenkompatibel ist. Das reduziert die Zahl der infrage kommenden Kinderwagen von 300 auf 127.
Um weiter einzugrenzen, sagt die Verkäuferin, die uns für komplette Idioten halten muss, »müssen Sie sich im Klaren sein, was Sie wollen«.
»Na, einen Kinderwagen«, hätte ich fast gesagt, halte aber wohlweißlich meinen Mund.

»Soll es ein Jogger, also dreirädrig sein, ein Untergestell mit Einzelradaufhängung, Einzelräder in unterschiedlichen Größen für bessere Wendigkeit, Luft- oder Kunststoffräder, Tiefbettfelgen, schwenkbare Vorderräder, Stoßdämpferfederung 2-fach oder 4-fach, stabiles Stahlrohrgestell oder leichtes Aluminiumgestell mit 3-, 4- oder 7-fach höhenverstellbarem Schieber …?«

Hilflos blicke ich mich um, schiebe prüfend den einen oder anderen Kinderwagen vor und zurück.

»Wollen Sie eine abnehmbare Babyschale und einen separaten Sport-Buggy-Aufsatz oder lieber ein Grundgestell mit einlegbarer Soft-Tragetasche? Präferieren Sie eine bestimmte Marke? Und dann müssen Sie grob wissen, was Sie ausgeben wollen.«

Aha, denke ich, jetzt kommen wir der Sache schon näher.

»Aber ich kann Ihnen nur raten, nicht an der Qualität zu sparen. Schließlich ist der Kinderwagen ihr täglicher Begleiter und Sie benutzen ihn höchstwahrscheinlich mehrere Jahre. … Schauen Sie sich einfach in Ruhe um. Und wenn Sie einige entdeckt haben, die infrage kommen, sprechen Sie mich einfach noch mal an.« Damit entschwindet sie zum nächsten Kunden und wir begeben uns, den einen oder anderen Kinderwagen mit prüfenden Blicken taxierend, langsam Richtung Ausgang.

»Puh, das ist ja komplizierter als ein Autokauf«, sagt mein Mann und wischt sich die Schweißperlen von

der Stirn. »Und was machen wir jetzt?«
Ich weiß es. Ich werde meine Mutter bitten, uns einen Kinderwagen zu kaufen. Sie wohnt nämlich in einer Kleinstadt. Dort gibt es einen einzigen Baby-Second-Hand-Laden. Und die werden ja wohl einen Kinderwagen haben.

Nachtrag (12 Wochen nach der Geburt)

Inzwischen bin ich etwas schlauer:
- Nicht alle Jogger sind zum Joggen. Bei manchen ist ausdrücklich auf der Bedienungsanleitung vermerkt: »Nicht zum Joggen geeignet.«
- Selbst niedrigste Bordsteine sind für Kinderwagen mit schwenkbaren, nicht feststellbaren Vorderrädern nahezu unüberwindliche Hindernisse und stellen für die Mutter einen mit einem recht heftigen Kraftakt verbundene Geschicklichkeitsaufgabe dar.
- Bestimmte Kombikinderwagen mit abnehmbarer Wanne verdonnern einen dazu, oft stundenlang neben dem im Kinderwagen eingeschlafenen Baby zu verharren, da die Wanne nicht unbemerkt mit einem einfachen Handgriff vom Untergestell zu lösen ist.

Trainingsstart: Zuhause oder im Studio?

Als nächstes steht die Wahl des geeigneten Ortes für den Trainingsbeginn und der Hebamme, eine Art Personal Trainer, auf dem Programm. Hier hat man, wenn der behandelnde Frauenarzt das auch so sieht, die Qual der Wahl. Zuhause oder im Studio, wobei Studio nicht gleich Studio ist. Man kann wählen zwischen Geburtshaus, Hebammenpraxis oder Klinik. Jedes Studio hat Vor- und Nachteile und es kommt stark auf die persönliche Neigung an. Schätzt man eher eine umsorgende, persönliche, intime Atmosphäre oder steht der Aspekt der medizinischen Sicherheit im Vordergrund?

Hat man sich für ein Studio entschieden, steht die Wahl der gewünschten Trainingsmethode an. Ambulante oder stationäre Geburt, sanfte Geburt, natürliche Geburt, Wassergeburt, Kaiserschnitt. Mit Anwesenheit des Partners oder ohne. Die meisten Studios bieten mittlerweile diverses Equipment (Geburtsball, -hocker, -schaukel, -wanne, Romarad, Sprossenwand und Seil) an. Hier sollte man ruhig nach Lust und Laune ausprobieren, welche Geräte einem zusagen und welche eher nicht. Mit der Wahl des Equipments entscheidet man sich meist auch für eine bestimmte Startposition (Vierfüßler, liegend, hockend, hängend), die dann eingenommen werden soll, wenn es tatsächlich losgeht.

Am besten erkundigt man sich vor Ort, besichtigt diverse infrage kommende Studios und spricht mit dem Personal. Viele Studios haben Schnuppertermine im Angebot, an denen Interessierte die Räumlichkeiten besichtigen und Fragen stellen können. Spätestens bei einem dieser Termine (meist in einer Klinik) wird man mit einer Information konfrontiert, die einen aufhorchen lässt, weil sie bisher in Erfahrung gebrachtes Wissen mit einem Fragezeichen versieht. Die Rede ist von der PDA. Kannte man bisher nur Atemtechniken, die einem helfen sollten, die Wehenschmerzen (von denen man eine eher diffuse Vorstellung hat) wegzuatmen, ist nun die Rede von einer Betäubungsspritze mitten in die Wirbelsäule. Man beginnt zu ahnen, dass – allen Atemtechniken zum Hohn – diese Wehenschmerzen kein Spaziergang werden.

Ist die Entscheidung für ein Studio gefallen, wird der Termin für den Trainingsstart gemacht. Meist formlos, da alles sowieso noch anders kommen kann. Zuhause wird die Tasche gepackt und dann – irgendwann – kann es endlich losgehen.

Die erste Trainingseinheit

> *»We can work it out«*
> The Beatles 1965

Das Work-out beginnt: Erstens kommt es anders, und zweitens als man denkt

Auf die Plätze, fertig, los! Der Startschuss für die Ironmom ist gefallen: Der Geburtsvorgang beginnt. Anders als bei jeder anderen sportlichen Disziplin, bei denen die Sportler vor allmählich steigende Herausforderungen gestellt werden, kann hier nur mitmachen, wer gleich am Anfang eine Höchstleistung bringt: die härteste, anstrengendste, effektivste Bauch-weg-Übung der Welt.

Hatte man zuvor geglaubt, durch das Warm-up ideal darauf vorbereitet zu sein, begreift man ziemlich schnell, dass dies nicht der Fall ist. Das Work-out fängt meist mit einer leichten und sich dann schnell steigernden Muskelaktivität, den ersten Wehentätigkeiten, an. In dieser Phase ist man noch gewillt, das im Warm-up vorab minutiös geplante Work-out durchzuziehen.

Manchmal gelingt das. Manchmal auch nicht.

Beispiel: Man hat sich für eine Wassergeburt im nahe gelegenen Geburtshaus entschieden. Der Trainingstermin ist festgelegt, die Tasche gepackt. Plötzlich, drei Tage vor Termin, platzt die Fruchtblase. Ein hektischer Anruf des panischen Erzeugers im Geburtshaus, das ausgerechnet jetzt keine Wanne frei hat. Also ab in die nächste Klinik. Die hat keine Wannen für Wassergeburten und man selbst keine Wahl. Und dann gibt es zu allem Überfluss auch noch trotz regelmäßig praktizierter Dammmassagen einen Dammschnitt.

Oder man hat sich für eine Entbindung im Krankenhaus entschieden. Alles läuft nach Plan. Die Wehen setzen ein, man fährt zur Klinik. Das Geburtszimmer ist frei. Die Wehen werden stärker, die Abstände kürzer. Man nimmt seine Position auf dem gewünschten Geburtshocker ein.

Doch außer dass die Wehenschmerzen schier unerträglich werden, passiert nichts.

Schließlich stellt die Hebamme fest, dass der Muttermund sich bisher kaum geöffnet hat. Eine Messung der Herztöne des Babys lässt nichts Gutes vermuten und plötzlich wird es hektisch. Die Position auf dem Geburtshocker muss schnell verlassen werden und ehe man sich's versieht, liegt man auf einer Liege, der eilig herbeigerufene Arzt empfiehlt-befiehlt einen Kaiserschnitt und ab geht es in den OP.

Oder man hat sich für eine Hausgeburt entschieden. Das Zimmer ist hergerichtet, die Hebamme auf Abruf und der Termin verstrichen. Nicht ein Tag, nicht zwei, nicht drei, nicht vier Tage.

Der tägliche CTG-Termin beim Frauenarzt bringt auch keinerlei Aufschluss über eine neue Terminvergabe. Neun Tage nach dem Geburtstermin empfiehlt der Frauenarzt und auch die Hebamme eine Aufnahme im Krankenhaus. Dort beginnt man, die Geburt einzuleiten, und verabreicht wehenfördernde Mittel. Die auch wirken.

Und dafür sorgen, dass man einige Stunden und zahllose Wehen später einen neuen Erdenbürger auf die Brust gelegt bekommt und überglücklich ist.

Zum Glück überwiegen die Beispiele, in denen das Work-out wie geplant durchexerziert wird. Es soll nur keiner im Nachhinein sagen, er hätte von nichts gewusst.

Der ideologische Hürdenlauf beginnt. Hürde 1: Der Wunschkaiserschnitt

Manche Athletinnen entschließen sich zu einem weniger rabiaten Trainingsstart. Sie entscheiden sich für einen Wunschkaiserschnitt. Dabei handelt es sich um einen Kaiserschnitt, der medizinisch nicht als notwendig, sondern auf Wunsch der werdenden Mutter und nach eingehender Beratung durch Ärzte und Hebamme durchgeführt wird. Damit er von der Krankenkasse erstattet wird, muss er in der Regel als medizinisch notwendig deklariert werden.

Die Zahl der Wunschkaiserschnitte hat in den vergangenen Jahren stark zugenommen, unter anderem weil sie bei prominenten Frauen hoch im Kurs zu stehen scheinen. Hatte dies 1999 bei Victoria Beckham noch zu öffentlicher Empörung geführt (»too posh to push« – zu fein zum Pressen), so ist der Wunschkaiserschnitt mittlerweile halbwegs salonfähig geworden, es gibt erste Krankenhäuser und Kliniken, die als »kaiserschnittfreundlich« gelten.

Athletinnen, die sich für einen Wunschkaiserschnitt entscheiden, geben unterschiedliche Gründe an. Größere Planbarkeit und die Angst vor Schmerzen spielt neben der Angst, »unten ausgeleiert« und damit inkontinent zu werden, eine wesentliche Rolle.

Und sie machen noch eine neue Erfahrung: Spätestens mit dieser Entscheidung werden sie mit der ersten großen ideologischen Hürde konfrontiert. Kannte man bisher Ideologien nur in Gestalt von politischen oder religiösen Fanatikern oder militanten Nichtrauchern, so steht man plötzlich einem feindlichen Lager gegenüber, das sich aus derselben Spezies wie man selber – nämlich Mütter beziehungsweise werdende Mütter – rekrutiert. Denn in punkto Wunschkaiserschnitt spalten sich die Geister. Und zwar entrüstet, unversöhnlich und teilweise extrem diffamierend.

> *»Meine Güte ist jetzt vielleicht nur meine Meinung aber dennoch dir würde ich dein Kind fast wegnehmen!! Wie kannst du dein Kleines nur solchen Risiken und Gefahren aussetzen? Klingeln da bei dir als Mutter nicht sämtliche Alarmglocken wenn dein Kind so früh auf die Welt geholt wird? Wahrscheinlich nicht weil du nur an dich denkst!!!! Wahnsinn ... Warum wirst du überhaupt schwanger wenn du keine Wehen willst, kein Geburtserlebnis usw.?«*
>
> Quelle: http://forum.gofeminin.de/forum/f119/__f151_f119-Geplanter-Kaiserschnitt.html (25.05.2010)

Im schlimmsten Fall müssen Wunschkaiserschnitt-Kandidatinnen also damit rechnen, schon vor Beginn des Trainings von den anderen Anwärterinnen aus dem Rennen geschickt zu werden. Weil sie sich in deren Augen selbst disqualifiziert haben. Und deshalb maximal in der B-Liga weitermachen dürfen, aber da ebenfalls das volle Programm durchziehen müssen. Und bis zum bitteren Ende.

Zum Glück gibt es aber auch versöhnlichere Haltungen zu diesem Thema und faire Athletinnen, die fünf gerade sein und die Kirche im Dorf lassen:

»Meine Güte, sind wir jetzt wieder im Mittelalter wo man jemanden für eine Meinung oder Entscheidung die ihn wirklich nur allein betrifft auf den Scheiterhaufen stellt? Immer wenns um Kaiserschnitt oder auch ums Stillen (da gibts sicher noch mehr Themen) geht und sich eine Frau entgegen dem momentanen Zeitgeist entscheidet gibts immer irgendwelche Moralisten die meinen sich erlauben zu können über andersdenkende zu urteilen. Unglaublich. Es wäre wirklich hilfreicher solche Fragen undogmatischer zu diskutieren. Ehrlich ich würde mich viel mehr schämen auf so eine Weise über jemanden zu urteilen als für 6 geplante Kaiserschnitte.«

Quelle: forum.gofeminin.de/forum/f119/__f151_p3_f119-Geplanter-Kaiserschnitt.html (25.05.2010)

Es ist davon auszugehen, dass die Kaiserschnitt-Kandidatinnen vorab gut informiert worden sind, Risiken, Vor- und Nachteile gegeneinander abgewogen und sich ihre Entscheidung gut überlegt haben. Statt sich gegenseitig mit Vorwürfen zu überhäufen wäre es mit Sicherheit besser für alle, an einem Strang zu ziehen. Um so gesunden

Babys auf die Welt zu helfen und jenseits aller Ideologie die Wünsche der werdenden Mütter, wenn möglich, zu erfüllen.

Nach dem Work-out: Mythos »sanfte Geburt«

Die meisten Athletinnen berichten im Nachhinein, dass sie – egal, ob geplant oder improvisiert – es sich nicht so schlimm vorgestellt hätten. Und fast alle sagen, dass sie weit über ihre körperlichen Grenzen hinausgegangen sind. Das Work-out wird allgemein als zu lang, zu anstrengend und als äußerst – wenn nicht sogar brutal – schmerzhaft beschrieben. Zuvor erlernte Atemtechniken erweisen sich als wirkungslos angesichts der Wucht der immer häufiger, immer heftiger auftretenden Wehenkontraktionen, so dass viele Teilnehmerinnen letztendlich doch die zuvor verachtete PDA erbetteln.

Die Teilnehmerinnen, die sich vorab für einen Kaiserschnitt entschieden haben, haben es nicht wirklich leichter. Für sie beginnt nur der Belastungstest etwas später, nämlich mit den ersten Sit-ups nach der Operation. Sie sind nicht minder schmerzhaft und das bleibt auch in den nächsten Tagen so.

Allen Athletinnen aber ist gemein, dass sie heilfroh sind, die erste Trainingseinheit erfolgreich hinter sich gebracht zu haben. Und sie fragen sich, woher um alles in der Welt die Bezeichnung »sanfte Geburt« stammt und warum nach wie vor der Mythos kursiert, dass nur eine Frau, die sich dem Schmerz stellt, eine richtige Mutter wird. Außerdem wundern sie sich, dass der Bauch doch nicht so straff ist, wie man es nach dieser harten Einstiegsübung erwartet hätte. Doch solches Nachsinnen währt nicht lange: Das Training ruft!

Die Still-Übung:
Der Brustton der Überzeugung

Der weitere Trainingsverlauf ist davon abhängig, ob man sich für eine Hausgeburt, eine ambulante oder stationäre Geburt entschieden hat. Bei einer ambulanten Geburt verlässt die Athletin nach einigen Stunden bereits das Studio, um in den eigenen vier Wänden weiterzumachen.

Stationäre Teilnehmerinnen und Kaiserschnittabsolventen bleiben im Trainingslager und genießen noch einige Tage professionelle Hilfe und Unterstützung. Das mag gerade in den ersten Nächten nach vollbrachter Höchstleistung ein wahrer Segen sein, da es in vielen Kliniken die Möglichkeit gibt, das Neugeborene über Nacht in Obhut von geschulten Kinderkrankenschwestern zu geben.

Einerseits.

Andererseits ist die Verköstigung im Trainingslager meist eher dürftig. Lauwarmer Kaffee und labbrige Weißbrotscheiben, durch-und-durch-und-durchgegartes Gemüse an geschmacklosem Fisch sowie wässrige Suppen zu abgepacktem Graubrot im Visitenkartenformat sind für eine Hochleistungssportlerin eher unbefriedigend. Auch das dauernde, unangekündigte Erscheinen von Coaches, Ärzten und Reinigungspersonal trägt nicht unbedingt zu einer entspannten Atmosphäre bei. Lieblos eingerichtete Zimmer mit sterilen grauen PVC-Böden und Wänden auch nicht. So ist man nach einigen Tagen heilfroh, das Trainingslager hinter sich zu lassen und mit dem Nachwuchs nach Hause zu fahren.

Nach der erfolgreich absolvierten Anfangsphase geht es direkt im Vollprofimodus weiter. Die von vielen Sport-Experten eingeforderte Regenerationsphase nach vollbrachter Höchstleistung gibt es angeblich gelegentlich, aber wohl nur in seltenen Fällen. Mir ist keiner bekannt.

Glücklicherweise sorgen, wie nach jeder körperlichen Höchstleistung, ausgeschüttete Endorphine für ein intensives Glücksgefühl, das durch den Anblick des Neugeborenen noch gesteigert wird. Es lässt viel von der zurückliegenden Anstrengung vergessen. Nichts desto trotz sind die Teilnehmerinnen erschöpft, müssen sich allerdings meistens sofort der nächsten Exercise stellen: der Still-Übung.

Diese Übung findet unter Aufsicht der Hebamme statt, die sicherstellen möchte, dass die Bewegungsabläufe richtig durchgeführt werden. Handelt es sich hierbei doch um eine Übung, die in den nächsten Monaten mehrmals täglich und nächtlich durchgeführt werden muss. Daher sollte jeder Handgriff sitzen, um Muskelkater und schmerzhafte Verspannungen zu vermeiden und damit Mutter und Kind davon in jeder Beziehung profitieren.

> ### Die richtige Stillposition
>
> *»Stillen ist die natürlichste Sache der Welt. Um erfolgreich zu stillen, ist es nur wichtig, dass Mutter und Baby eine bequeme Position finden. Ist die richtige Stellung einmal gefunden, läuft das Stillen ganz von selbst.«*
>
> Hebamme eines Berliner Krankenhauses

Die anfangs bei diesem neuartigen Bewegungsablauf assistierende Krankenschwester oder Hebamme greift im Idealfall auch gerne einmal ein, sollten Bewegungen zu ungeschickt, linkisch oder falsch ausgeführt werden. Ziel dieses Coachings ist es, dass das Stillen ein Erfolg wird. Stellt sich dieser Erfolg nicht ein, kann es sein, dass die Übung falsch ausgeführt wurde. Der Coach sollte umgehend konsultiert werden. Oft hilft es, wenn die Trainerin nur im Brustton der Überzeugung Mut macht: »Sie können das. Stellen Sie sich nicht so an!«

Tatsächlich gibt es aber auch biologische Gründe, die für einen Misserfolg verantwortlich sein können und diese Übung für viele Frauen zum Alptraum werden lassen. In vielen Fällen kann intensives Coaching durch speziell ausgebildete Hebammen beziehungsweise Stillberaterinnen helfen. Wenn nicht, wird diese Übung durch die »Fläschchen«-Variante ersetzt. Diese Ersatzhandlung verursacht allerdings in den meisten Fällen ein fürchterlich schlechtes Gewissen.

Die zweite ideologische Hürde: Ist Breast immer best?

Die Still-Übung ist nicht nur eine technische, sondern auch die nächste ideologische Hürde, die es für die Ironmoms zu überwinden gilt. Bereits in dieser frühen Phase der Ironmom scheint eine Entscheidung über erste Etappensieger beziehungsweise -verlierer zu fallen. Im vorderen Feld befinden sich die, bei denen das Stillen auf Anhieb klappt, im Mittelfeld das Gros mit mehr oder weniger starken Anfangsschwierigkeiten, die aber – mit eisernem Willen – erfolgreich überwunden werden. Abgeschlagen im hinteren Feld die Athletinnen, die aus welchen Gründen auch immer nicht stillen können. Oder noch schlimmer: es nicht wollen. Das gibt Punktabzug.

Zwar ist die Still-Übung nur eine Disziplin von vielen, aber ihr wird eine extrem hohe Bedeutung beigemessen, weil sie hochgradig ideologisch aufgeladen ist. Stillen gilt hierzulande heutzutage als das Synonym für Mutterliebe und kulminiert in der Haltung »Wenn eine Mutter sagt, sie möchte nicht stillen, dann sollte sie sich mal überlegen, ob sie überhaupt ein Kind möchte«.

Muttermilch gilt als die beste Babynahrung, will heißen, eine Mutter, die das Beste für ihr Baby will, stillt. Der dazugehörige Umkehrschluss: Eine Mutter, die nicht stillt, will nicht das Beste für ihr Kind.

Dabei ist die Vorstellung, welche Nahrung am besten für Säuglinge geeignet ist, nicht universell, sondern kulturell und gesellschaftlich beeinflusst und auch historisch begründet. Zwar wurde Muttermilch immer eine wesentliche

Rolle zugewiesen, aber es musste nicht notwendigerweise die Milch der eigenen, leiblichen Mutter sein. In der Antike und im Mittelalter waren in vielen Kulturen Ammen im Einsatz. Im ersten deutschsprachigen Ratgeber zur Säuglingspflege aus dem Jahr 1473 von Bartholomäus Metlinger findet sich der Rat, Neugeborene die ersten 14 Tage nicht von der Mutter stillen zu lassen, da die frühe Muttermilch für das Kind schädlich sei. Bereits sehr früh sollten die Babys nicht nur von einer Amme oder der Mutter gesäugt werden, sondern zusätzlich Brei erhalten. Auch in der Neuzeit war Stillen nicht für alle üblich. Ein Grund für den weitgehenden Stillverzicht ganzer Regionen wird auf die Inanspruchnahme vieler Frauen als Arbeitskräfte zurückgeführt. Ein süddeutscher Pfarrer berichtete 1868: »Eine Mutter wird als übertrieben faul verschrien, wenn sie sich entschließt und Zeit nimmt, ihrem Kinde die Brust zu reichen, und darum macht sie es am Ende lieber wie die anderen und lässt es bleiben.« (Unseld, S. 16)

Die Erfindung der Fertignahrung im Jahre 1865 machte Justus von Liebig schlagartig zu einem reichen Mann. Sie wurde schnell zu einem absoluten Verkaufshit und trat ihren weltweiten Siegeszug an.

Im 20. Jahrhundert trugen die beiden Weltkriege ebenfalls nicht zum rapiden Anstieg der Stillrate bei, denn vielen Frauen fehlte aufgrund des täglichen Arbeitspensums einfach die Zeit, sich mehrmals am Tag auszuziehen, um in Ruhe den Säugling, oft eins von fünf Kindern, zu stillen. Ein Job, den die größere Schwester einfach mittels Fläschchen erledigen konnte.

Auch in den 70er Jahren des vorigen Jahrhunderts griffen Frauen fleißig zur Flasche oder brachten sogar Männer dazu. Die »Mein Körper gehört mir«-Attitüde dieser Zeit sah Stillen als patriarchalisches Instrument zur Unterdrückung der Frau. Die wehrte sich mit Fläschchen und machte Muttermilch zum Politikum.

Parallel dazu entwickelte sich eine Gegenbewegung, die sich wieder mehr auf die mütterliche Bindung zum Kind konzentrierte. Nicht mehr die Frage des Überlebens in der unmittelbaren Nachkriegsgesellschaft oder in patriarchalischen Strukturen stand im Vordergrund, sondern die des Kindswohls.

Mutterliebe wurde mit Muttermilch gleichgesetzt und relativ schnell als Weltanschauung etabliert.

Als solche befindet sie sich seitdem auf einem nicht enden wollenden Siegeszug und spaltet die Welt der Ironmoms in zwei Lager, die sich nahezu unversöhnlich gegenüberstehen.

Das Lager der Stillmütter hat die Argumentationshoheit und das andere Lager hat praktisch nichts dagegenzusetzen.

Auf der einen Seite gibt es daher die guten Mütter, auf der anderen die »Rabenmütter« und Versagerinnen, die sich auch noch selbst mit Vorwürfen zerfleischen. Dazwischen gibt es keine wertefreie Diskussion.

Gibt man bei Google »Stillprobleme« ein, erhält man auf Anhieb 232 000 Treffer. Hauptsächlich Ratschläge, wie man selbige in den Griff bekommt. Die Hilfesuchenden, also die Mütter mit Stillproblemen, sprechen zum Großteil die Sprache der Verzweiflung oder suchen nach Entschuldigungen für ihr »Versagen«. Die Ratschläge, besonders die der selbsternannten Experten, haben meist eine leicht mitleidige, manchmal fast schon überhebliche

»Wer Stillen will, schafft es auch«-Tonalität. Bekennerinnen, die freimütig zugeben, gar nicht erst stillen zu wollen, tauchen praktisch gar nicht auf. Lobeshymnen auf das Stillen lassen mancher Frau die Milch in den Milchkanälen gefrieren: *»Ein genüssliches Schmatzen an der Brust und ein zufriedenes Grinsen danach – das alles kann man nur bekommen, wenn man sich seinem Kind hingibt, es liebt und akzeptiert, wie es ist.«* Sie stehen der nackten Verzweiflung gegenüber: *»Bin nur mehr am Heulen, weil ich mir doch so sehr gewünscht habe zu stillen.«*

Auch beschleicht einen beim Überfliegen vieler Foren der Verdacht, dass hier ein Wettbewerb ausgetragen wird, bei dem es darum geht, wer seinen Säugling am längsten ausschließlich mit Muttermilch ernährt.

Niemand bestreitet, dass Muttermilch dem Baby einen famosen Start ermöglicht, dass Stillen etwas Schönes sein kann, wenn die Mutter es gut hinbekommt. Aber es gibt keinen Grund, Mütter, die ihr Baby mit der Flasche füttern, automatisch als eitel, karrieregeil, selbstsüchtig oder schlicht ignorant abzukanzeln, oder – noch schlimmer – sie zu bemitleiden.

Als Hauptargumente fürs Stillen werden in erster Linie gesundheitliche Vorteile genannt: Muttermilch ist die ideale Nahrung fürs Neugeborene, weil am gesündesten. Man sagt, dass gestillte Kinder ein geringeres Risiko haben, an Allergien, Leukämie, Diabetes zu erkranken. Auch würden sie später weniger unter Übergewicht leiden und hätten einen höheren IQ. Gestillte Kinder sind also, so wird behauptet, gesünder, schlanker, resistenter und intelligenter. »Breast is best« – das Glaubensbekenntnis der modernen Welt.

Erstaunlicherweise gibt es zu allen medizinischen Erkenntnissen solche und solche Studien, deren Ergebnisse sich zum Teil widersprechen.

Besonders was die Intelligenz des Nachwuchses angeht, sind die Resultate äußerst diffus. Denn für aussagekräftige, statistisch relevante Ergebnisse müsste man zwei zufällige, sozio-ökonomisch und ethnisch gleich zusammengesetzte Müttergruppen vergleichen, eine davon stillt, die andere füttert mit dem Fläschchen. Weil man aber Müttern nicht vorschreiben und nicht kontrollieren kann, wie sie ihr Baby großziehen, und weil Mütter vorher nicht wissen können, ob und wie lange sie zu dieser oder jener Gruppe gehören (wollen), stehen sämtliche Stillstudien über die Auswirkungen des Stillens auf das Kind auf ziemlich wackeligen Füßen.

Als Ironmom sollte man die ideologische Stillhürde möglichst zügig überwinden – idealerweise, indem man zu dem Entschluss kommt, dass Stillen eine private Entscheidung sein sollte, die jede Mutter für sich selber treffen darf und muss. Es sollte keine Disziplin sein, die schon in der Anfangsphase der Ironmom Teilnehmerinnen von vornherein disqualifiziert und auf die hinteren Plätze verweist. Zu viele weitere existentiell wichtige Disziplinen stehen noch an, so dass man keinesfalls schon zu diesem Zeitpunkt tendenzielle Entscheidungen in Richtung »Gewinner« oder »Verlierer« treffen kann.

> **Bin ich eine Flasche?**
>
> Fakt ist, dass 91 Prozent der Frauen nach der Geburt versuchen, ihr Kind zu stillen. Doch erhält diese Motivation schon in den nächsten Tagen einige Dämpfer. Bei der Entlassung aus der Klinik geht der Anteil der ausschließlich stillenden Mütter schon auf 73 Prozent zurück. Nach 14 Tagen stillen nur noch 60 Prozent ausschließlich, gegen Ende des zweiten Monats 42 Prozent und Ende des 6. Monats werden lediglich 10 Prozent der Säuglinge ausschließlich gestillt.
>
> Quelle: Studie »Stillen und Säuglingsernährung« (kurz SuSe) im Ernährungsbericht der Deutschen Gesellschaft für Ernährung e.V. 2000

Motivation: Das Baby ist da!

Kennzeichnend für die erste Trainingseinheit ist, dass sie meist überraschend und heftig beginnt. Oder aber, dass ihr ein zähes Warten vorausgeht. Um dann überraschend und heftig zu beginnen. Und dass sie unterschiedlich lang ist. Hier ist alles möglich: von einer Stunde bis hin zu 30 oder mehr. Daher gibt es für diese Trainingseinheit kein einheitliches Motivationsprogramm. Das Stöbern in »Geburtsberichten« im Internet mag eine Ahnung davon vermitteln, wie vielfältig diese Trainingseinheit ausgeführt werden kann. Beispielsweise bei www.babyzimmer.de findet man Hunderte davon, sogar unterteilt in Kategorien wie »spontane Geburten«, »Kaiserschnittgeburten«, »eingeleitete Geburten«, »Wassergeburten«, »Sturzgeburten (oder sehr schnelle)« bis hin zu »nur sehr heftige Geburten«. Hier können sich angehende Ironmoms schon mal einen kleinen Überblick verschaffen, wie unglaublich facettenreich sich der Trainingsanfang gestalten kann.

Am meisten hilft vielen Athletinnen die Gewissheit, dass es irgendwann vorbei sein wird, weil bisher noch jedes Baby herausgekommen ist. Das motiviert! Dann wird man, voller Stolz, Grenzen überwunden zu haben, sein Baby im Arm halten. Aufbauend ist auch die Tatsache, dass man die Übung zwar alleine durchziehen muss, einem aber immer professionelle Hilfe und Beistand zur Seite stehen. Und in den meisten Fällen auch der Partner.

Die zweite Trainingseinheit

> »*Immer wieder aufstehen,*
> *immer wieder sagen, es geht doch*«
> HERNE 3

Das 24h-Zirkeltraining: Relevante Übungen auf einen Blick

Die zweite Trainingseinheit folgt direkt auf die erste. Ohne Pause, ohne nennenswerte Regenerationsphase. Sie beginnt Indoor, in den eigenen vier Wänden, und besteht hauptsächlich aus einem knallharten Ausdauertraining verbunden mit regelmäßigen Belastungs- und Kraftübungen. Sie dauert deutlich länger als die erste Trainingseinheit, nämlich einige Monate, und ist dadurch gekennzeichnet, dass nahezu alle Übungen zigfach und zu nicht vorher festgelegten Zeiten wiederholt werden müssen. Tagsüber, aber auch nachts. Gerade die nächtlichen Übungen verlangen den Athletinnen ein hohes Maß an Belastungsfähigkeit und Toleranz ab, da Training in dieser Form bisher wenig bis gar nicht praktiziert wurde. Warum auch?

Die zweite Trainingseinheit beginnt mit einigen wenigen Grundübungen:

1. Baby hochnehmen, anlegen und stillen. Alternativ Fläschchen zubereiten und füttern. Bäuerchen machen lassen
2. Baby trösten, es im Arm halten und wiegen
3. Baby durch die Wohnung tragen
4. Windeln wechseln
5. Baby schlafen legen
6. Baby waschen
7. mit Baby (im Kinderwagen, Tragetuch oder Ähnlichem) spazieren gehen (Outdoorübung)

Nützliches Equipment: Wickelkommode, Stillkissen, Pezziball, Tragetuch oder eine andere Tragehilfe, Kinderwagen, Windeln, Feuchttücher, Waschlappen, Babybadewanne.

Wann, wie oft und in welcher Reihenfolge Sie diese Grundübungen durchführen, richtet sich nach den Bedürfnissen des Babys und wird meist durch ein akustisches Signal eingeläutet. Für alle Grundübungen gilt: lieber einmal zu viel als zu wenig. Und Konzentration ist alles. Auch nachts! Kein Baby liebt es, wenn Sie bei den Übungen unkonzentriert sind und ihm nicht Ihre volle Aufmerksamkeit schenken.

Achten Sie auf die richtige Körperhaltung. Unachtsamkeiten werden schnell mit Verspannungen und Muskelkater bestraft. Und bauen Sie Ruhe- und Entspannungseinheiten ein, zum Beispiel wenn das Baby schläft.

Lange bevor die sieben Grundübungen nach ein paar Wochen in Fleisch und Blut übergegangen sein werden,

werden sie bereits kontinuierlich ausgebaut und durch einige neue ergänzt. Geeignete Zusatzübungen sind:

- Putzen
- Kochen
- Einkaufen
- Wäsche waschen
- Wäsche aufhängen
- Staubsaugen
- Spülen
- Aufräumen

Nur für weit Fortgeschrittene!
Weitere Zusatzübungen:

- Körperpflege (eigene) wieder aufnehmen
- Make-up auflegen
- Schmuck anlegen
- Maniküre, Pediküre durchführen
- Frisur/Haare waschen
- Rasieren von Beinen, Achseln und gegebenenfalls Intimbereich
- Beckenbodenübungen, Stretching, figurstraffende Übungen
- modische Kleidung anziehen
- Sozialkontakte pflegen (telefonieren, Termine wahrnehmen)
- den Partner verwöhnen

Die meisten dieser Übungen kann man bequem mit dem Baby durchführen, indem man eine Tragehilfe benutzt:

- Staubsaugen mit Zusatzgewicht Baby. Das Baby kann seitlich, vorne oder hinten am Körper befestigt werden. Kalorienverbrauch pro Viertelstunde: etwa 50 Kilokalorien*
- Spülen mit Zusatzgewicht Baby. Kalorienverbrauch pro Viertelstunde: etwa 31 Kilokalorien*
- Fegen mit Zusatzgewicht Baby. Kalorienverbrauch pro Viertelstunde: etwa 35 Kilokalorien*
- Einkaufen mit Zusatzgewicht Baby. Kalorienverbrauch pro 30 Minuten: etwa 100 Kilokalorien

* Diese Angaben beziehen sich auf eine Frau, Alter 35 mit einer Körpergröße von 1,65 Metern und einem Gewicht von 55 Kilogramm. Das Baby wiegt 6 Kilogramm. Zusammen entspricht das einem Gesamtgewicht von 61 Kilogramm. Berechnet wurde mit: www.fitrechner.de/kalorienverbrauch/kalorienverbrauch-Hausarbeit

Die dritte ideologische Hürde: Der Tragling und die Relevanz der »Anhock-Spreizhaltung«

Wer gedacht hat, dass man ein Baby einfach so tragen könnte, ist der »Anhock-Spreizhaltung« noch nicht begegnet. Hinter dieser Bezeichnung verbirgt sich die ganze geheimnisvolle Welt des »Wie trage ich ein Baby?«. In dieser Welt gibt es eine Vielzahl unterschiedlicher Babytragen, hier ist Trageberaterin ein seriöser Berufsstand, BB die Abkürzung für eine bestimmte Babytrage und ein natürlicher Feind. In dieser Welt ist das Tragen eines Babys keine Tätigkeit, sondern eine Ideologie, eine Berufung und eine Wissenschaft für sich. Ähnlich wie bei den ersten ideologischen Hürden, dem Wunschkaiserschnitt und dem Stillen, werden hier die Athletinnen in Gewinngruppen eingeteilt. Vorteil für diejenigen, die ein Tragetuch verwenden, Wettkampfvorteil auch für Manduca, Glückskäfer, Marsupi und MeiTei und Punktabzüge bei den Babybjörn- und Kinderwagen-Benutzerinnen. Weitere Zusatzpunkte und gegebenenfalls Abzüge können je nach tragender Körperregion – auf der Hüfte, dem Bauch oder dem Rücken – und Dauer des Tragens – nur wenige Monate oder viele Jahre – erlangt werden.

Für alle Ironmoms, die wissen wollen, was auf dem Spiel steht, bevor sie sich ins Tragetraining stürzen, hier eine kurze Definition:

»Unter der Anhock-Spreizhaltung versteht man jene Körperhaltung, die ein Neugeborenes automatisch einnimmt, wenn man es hochhebt: Die Beine sind angehockt, die Knie auf Nabelhöhe und die Oberschenkel leicht abgespreizt. Diese Haltung ist prädestiniert dazu, dass das Kind auf der Hüfte eines Erwachsenen getragen werden kann, und liegt begründet in der stammesgeschichtlichen Entwicklung des Menschen.

Quelle: http://de.wikipedia.org/wiki/Anhock-Spreizhaltung (01.06.2010)

Eine gute Tragehilfe sollte dies berücksichtigen und gewährleisten, dass das Kind diese Haltung einnehmen kann.

So viel zu den Fakten, und nun ab ins Reich der Ideologien. Das findet man in Publikationen zum Thema, in

Mutter-Kind-Gruppen, in Hebammen- und Kinderarztpraxen, in Werbebroschüren und Gebrauchsanweisungen der einzelnen Tragehilfen und in seiner ganzen Widersprüchlichkeit im World Wide Web.

Googelt man »Baby tragen« oder »Tragehilfen«, gibt es unzählige gegensätzliche Informationen über Relevanz, Dauer und Häufigkeit des Tragens und damit verbunden über die Wahl der richtigen Tragehilfe beziehungsweise Position des Kindes in derselben. Der größte Teil ist nicht wissenschaftlich fundiert, obwohl es oft den Anschein hat.

Besonders bei der Wahl der richtigen Tragehilfe ist Vorsicht geboten, sonst hat man sich schnell disqualifiziert:

»hallo ihr.
muss mal meinen ›frust‹ loswerden.
waren gerade beim einkaufen in unserer überdachten einkaufspassage.
da habe ich einen papa mit BB gesehen. um es noch schlimmer zu machen (was ja der BB sowieso ist) hatte der papa das baby so gebunden, dass das kind dauernd den kopf nach hinten geklappt hatte und so weit unten, dass der kopf des babys unterhalb der brust des papas hing wenn nicht noch weiter tiefer… das baby hat mir sooo leid getan, dass ich kurz davor war hinzugehen und ihm zu zeigen wie es gesund ist (hatte meinen zwerg im …) … aber hab mich nicht ganz getraut … was hättet ihr gemacht??
bin echt geschockt, hat sooo schlimm ausgesehen!!«

Quelle: http://www.eltern.de/foren/tragehilfen-forum/695486-bb-baby-gesehen-beim-einkaufen.html (01.06.2010)

Athletinnen, die sich für ein Tragetuch (TT) entscheiden, scheinen in der Disziplin »Baby tragen« deutlich besser zu punkten als Verwenderinnen von Tragesäcken oder anderen Tragehilfen.

Ähnlich wie beim Stillen, sollte sich jede Ironmom auch bei dieser ideologischen Hürde gut überlegen, wie sie sie überwindet. Um mental gut gewappnet mit ihr umzugehen, sich unbeirrt auf seinen eigenen Weg zu konzentrieren und sich aus Lagerkämpfen weitgehend raushalten zu können. Denn die kosten zusätzliche Energie, die man in jedem Fall besser für das eigentliche Training gebrauchen kann.

Hilfreiche Trainingstipps: Mythos Trainingspartner und die »Irgendwas ist immer«-Methode

Wem das Training mit Zusatzgewicht Baby zu anstrengend ist, der kann natürlich auch die Phasen nutzen, in denen das Baby schläft. Wichtig ist hier, sich nur eine(!) Übung pro Schlafenszeit vorzunehmen, denn sonst besteht die Gefahr, dass man sich verzettelt und es anschließend so aussieht, als ob man gar nichts geschafft hätte. Oder alles sieht sogar noch schlimmer aus als vorher.

Viele Anfänger machen hier den typischen »Ich räum mal eben den Frühstückstisch ab mein Gott wie sieht das denn im Kühlschrank aus alles über Verfallsdatum das sollte man alles mal wegwerfen ach je der Müll müsste dringend rausgebracht werden aber vorher schmeiß ich noch die leeren Tuben aus dem Badezimmer igitt wie sieht denn das Waschbecken aus und erst das Klo wo ist denn jetzt der Putzeimer Mist wieso fängt der Kleine denn schon wieder an zu schreien?«-Fehler.

Versuchen Sie, ein ausgewogenes Verhältnis zwischen Grund- und Zusatzübungen herzustellen, wobei die Grundübungen immer Vorrang haben. Am besten, Sie integrieren die Übungen umgehend und direkt in Ihren Alltag, denn in den nächsten Monaten werden die Übungen Ihr Alltag sein. Ein detaillierter Trainingsplan empfiehlt sich in dieser Einheit noch nicht, da es auch hier erstens meist anders kommt, und zweitens als man denkt. Der einzig sinnvolle Plan zu diesem Zeitpunkt ist: das Wichtigste zuerst. Und was das ist, sieht und hört man in aller Regel.

Viele Athletinnen empfinden die zweite Trainingseinheit nach erfolgreicher Startphase als recht eintönig, anstrengend, aber auch befriedigend. Manche klagen, man käme zu nichts, was der Realität entspricht. Wäscheberge, dreckiges Geschirr, ungemachte Betten können nicht lügen. Sind aber auch keine Katastrophe. Hier könnte der Partner ins Spiel kommen.

Denn theoretisch sind alle Übungen der zweiten Trainingseinheit Partnerübungen, das heißt, der Partner kann miteinbezogen werden und die Übungen ebenfalls durchführen (außer das Stillen natürlich). Das gilt besonders für die Zusatzübungen.

Praktisch trainieren die meisten Frauen – gerade in der Anfangsphase – alleine. Der Partner hat entweder keine Zeit (weil er arbeiten muss), keine Energie (weil er arbeiten muss), ist zu müde (weil er arbeiten muss), ist geschäftlich unterwegs (wo er arbeiten muss) oder betreibt Ausgleichssport (weil er arbeiten muss).

In der Studie »Männerleben« der Bundeszentrale für gesundheitliche Aufklärung (BZgA 2004) wird dargelegt, dass Männer nach der Geburt eines Kindes tendenziell eher mehr arbeiten als vor dem ersten Kind.

Statt Trillerpfeife: Das Baby schreit

Selbst extrem ambitionierte Sportlerinnen würden einen Besuch in einem Trainingslager, das damit wirbt, zu allen möglichen und unmöglichen Zeiten per Trillerpfeife zum Übungsappell zu blasen, nicht einmal erwägen, sondern als absurde Schikane abtun.

Willkommen in einem solchen Trainingslager, willkommen bei der Ironmom.

Gerade in der zweiten Trainingseinheit sind derartige Praktiken an der Tages- und Nachtordnung. Das Kommando zum sofortigen Einsatz kommt zwar nicht via Trillerpfeife, sondern aus einer schnell an Lautstärke zunehmenden Babykehle. Unberechenbar, unverhofft und oft.

Es ist erwiesen, dass Babygeschrei Stress erzeugt, je lauter und nachdrücklicher, desto höher das Stressempfinden.

Im Gefangenenlager Guantanamo wurde Babygeschrei als Foltermethode angewandt, wie *Der Spiegel* (2/2005) berichtete. Häftlinge wurden über Stunden mit ohrenbetäubendem Babygeschrei beschallt, um sie psychisch zu zermürben. Babygeschrei kann in extremen Fällen eine Lautstärke von 120 Dezibel haben (*Eltern* 6/2010), ein Presslufthammer ist genauso laut. Die Grenze für Lärmbelästigung liegt bei 84. Auch ist das menschliche Ohr so gebaut, dass es auf Schallfrequenzen von 3000 Hertz äußerst empfindlich reagiert, da diese maximal verstärkt werden. Diese Frequenz ist in Babygeschrei stark vertreten.

Daher versuchen die meisten Athletinnen durch gezielte Übungen wie Stillen, das Baby auf den Arm nehmen, wiegen, herumtragen das Stresssignal abzustellen. Was in vielen Fällen auch gelingt. Unangenehm und deutlich anstrengender wird es, wenn es nicht gelingt. Dadurch wird der Stress erhöht. Denn zusätzlich zum Körpereinsatz ist nun auch mentaler Einsatz gefragt. 1000 Gedanken schießen einem durch den Kopf, von Selbstzweifeln – »Was mache ich nur falsch?« – zu möglichen und hektischen Handlungsalternativen – »Vielleicht hilft der Fliegergriff?« – bis hin zu leichten bis mittelschweren Aggressionen: »Warum kann es nicht einfach mal ruhig sein?« Der Gedanke ans Aufgeben taucht kurz auf, wird aber wegen Undurchführbarkeit sofort wieder verworfen. Verzweiflung macht sich breit, Erklärungen werden gesucht: Drei-Monats-Koliken, quer sitzendes Bäuerchen, Blähungen, noch mehr Hunger, Sehnsucht nach Nähe, Angst, Frieren, Überreizung ...

Spätestens wenn man alles probiert hat, das Baby mehrmals entnervt zwischen den Eltern hin- und hergereicht wurde und sich dennoch nicht beruhigt, taucht am Horizont, erst verschwommen, dann immer deutlicher DIE Horrorvision schlechthin auf: ein Schreikind. Völlig niedergeschlagen fällt einem ein, was man darüber schon alles gelesen hat. Babys, die stundenlang, nächtelang, wochenlang schreien, schreien, schreien und damit die Eltern an den Rand der Verzweiflung treiben. Irgendwo hat man gelesen, dass eine Schreidauer ab drei Stunden an einem Tag, an mehr als drei Tagen in der Woche und in mehr als drei aufeinanderfolgenden Wochen als zu viel gilt. Und dass Säuglinge in Industrieländern länger schreien als in Ländern, in denen Babys fast ausschließlich getragen werden. Also trägt man den schreienden Säugling ermattet durch die Wohnung. Und blendet in solchen Phasen geistesabwesend aus, dass Schreien eine der wenigen Kommunikationsmöglichkeiten des Neugeborenen ist und dass die Dauer des Schreiens von den meisten Eltern eigentlich immer als zu lang empfunden wird.

Will man die Stressfrequenz noch etwas erhöhen, sorgt man dafür, wohlmeinendes Publikum in seiner Nähe zu haben. »Hast du es schon mal mit einer Hängematte probiert?« – »Komisch, der Niklas hat nie so lange geschrien. Probier's doch mal mit einem Fön. Da hat er dann immer sofort aufgehört.« – »Habt ihr ihm mal ein Mobile übers Bett gehängt?«

Wenn man kurz darauf das Kind mit der einen Hand in einer Hängematte hin-und herschaukelt, den brummenden Fön in der anderen Hand und ein Mobile zwischen den Zähnen hat, beschließt man, in Zukunft ähnliche Probleme nicht mehr im größeren Kreis, sondern mit etwas mehr Gelassenheit und Ruhe anzugehen.

Trainingsplan? Theorie und Praxis

Anders als bei allen anderen sportlichen Disziplinen kann man die Trainingseinheiten der Ironmom nicht planen. Ein Trainingsplan wäre immer nur Makulatur, da der tägliche Trainingsablauf von Tag zu Tag (und Nacht zu Nacht) variiert. Man kann lediglich versuchen, diesem Variantenreichtum etwas Struktur zu verleihen.

Um eine vage Vorstellung eines 24-Stunden-Trainings zu bekommen, wird hier exemplarisch ein möglicher Trainingstag skizziert, individuelle Abweichungen und persönliche Varianten sind notwendig und unumgänglich.

Uhrzeit	Baby-Aktivity-Modus	Exercise
6.00	weint	stillen/Fläschchen geben, wickeln, trösten, hinlegen (sich und Baby)
7.00	schläft	sich aus Zimmer schleichen, ins Bad gehen, Morgentoilette, Kaffee machen, Müsli/kleines Frühstück vorbereiten, Sachen von
7.45	weint	gestern wegräumen ... zum Baby laufen, hochnehmen
8.00	ist wach	Baby herumtragen, in Wippe oder Ähnliches legen, frühstücken

8.25	quengelt	Baby hochnehmen oder sich mit ihm beschäftigen, zwischendurch weiterfrühstücken, Tisch ab-, Geschirrspüler einräumen, zwischendurch immer wieder zum Baby beugen
9.00	ist wach	Baby wickeln, anziehen, sich selbst anziehen, Tasche packen (Windeln etc.)
9.37	quengelt	stillen/Fläschen geben, bereit machen für Outdoor-Aktivität
10.00	in Kinderwagen/ Tragetuch	raus zum Walking, Shopping
10.29	schläft ein	erste Tageseinkäufe, Spaziergang
11.00	schläft	Spaziergang, Ruhephase in Café oder auf Parkbank
11.36	wacht auf	Einkäufe/Baby in die Wohnung tragen, mit Baby beschäftigen*
12.00	ist wach und zufrieden	Einkäufe einräumen, gegebenenfalls schon mal mit der Wäsche anfangen …
12.25	quengelt	wickeln, stillen/Fläschchen geben, mit Baby beschäftigen
13.00	ist wach und zufrieden	mit der Wäsche weitermachen …

13.30	quengelt	Baby hochnehmen, sich mit Baby beschäftigen, zwischendurch Wäsche machen
14.15	wird langsam müde und quengelt	Baby hinlegen, immer wieder hingehen und beruhigen ...
14.45	schläft	Wäsche fertigmachen
15.00	schläft	Küche aufräumen, kleinen Mittagssnack machen, kurz hinsetzen, Blick in die Zeitung oder Ähnliches
15.56	wird wach	Baby hochnehmen und gegebenenfalls wickeln
16.00	ist wach in Kinderwagen/ Tragetuch	Fertigmachen zur zweiten Outdoor-Aktivität, anziehen Spaziergang, vergessene Einkäufe erledigen
17.15	ist wach	Ankunft an Wohnung, Baby/Einkäufe hereintragen
17.30	quengelt	stillen/Fläschchen geben
18.00	ist wach und zufrieden	Abendessen vorbereiten, zwischendurch immer mal wieder zu Baby beugen
19.00	ist wach und quengelig, Partner kommt nach Hause	Ums Baby kümmern, Tisch decken, Partner begrüßen und hören, wie sein Tag war

19.30	ist wach und quengelig	Abendessen mit Baby auf dem Arm,
	Partner ist müde und erzählt	teilnahmsvoll zuhören
20.00	wird müde und ist quengelig	wickeln und Baby fürs Bett fertigmachen: baden, umziehen, wickeln, stillen/ Fläschchen geben
20.30	zum Schlafen bringen	Immer wieder zum Baby gehen und es beruhigen
21.00	schläft	Tisch ab-, Spülmaschine ein-, Küche aufräumen
22.00	schläft	kurz mit Partner unterhalten, vor dem Fernseher
22.30		einschlafen
23.00	schläft	Partner geht ins Bett, man selber auch
24.00	wird wach	aufstehen, Baby beruhigen, gegebenenfalls durch die Wohnung tragen
0.42	schläft wieder	schnell schlafen
1.00	schläft	schnell schlafen
2.00	schläft	schnell schlafen
3.00	wird wach und schreit	aufstehen, stillen/ Fläschchen geben

| 4.00 | schläft wieder | schnell schlafen |
| 5.00 | macht unruhige Geräusche | aufstehen und nach Baby sehen |

* »Mit Baby beschäftigen« umfasst Aktivitäten wie Baby herumtragen, wiegen, auf Ball wippen, hinlegen, ihm Dinge zeigen, Grimassen schneiden, Baby hochnehmen etc.

Jeder Schritt hält fit: Kalorien- und Energieverbrauch

Die zweite Trainingseinheit zeichnet sich durch einen hohen Energieverbrauch aus. Man ist viel in Bewegung und das verbraucht ordentlich Kalorien:

durchschnittlicher Kalorienverbrauch in 24 Stunden: etwa 3000,
durchschnittliche Anzahl Schritte pro Tag: etwa 18 000.

Der Verbrauch und die Schrittanzahl sind abhängig von einigen individuellen Gegebenheiten, wie dem Gewicht des Babys und der Einkäufe, von der Anzahl der Stufen zur Wohnung, von der Häufigkeit des Baby-Hochnehmens, von der Länge der Spaziergänge.

Faustregel: je kürzer die Liegezeit (der Nachtschlaf), je schwerer das Baby und die Einkäufe, je höher die Anzahl der Stufen zur Wohnung, je länger die Spaziergänge, umso höher ist der Kalorienverbrauch.

Zum Vergleich:

durchschnittlicher Kalorienverbrauch einer Frau, die ebenso alt, groß und schwer wie die Ironmom ist, aber ausreichend Nachtschlaf erhält und überwiegend eine sitzende Tätigkeit ausübt: etwa 2000.

Eine Rezeptionistin legt durchschnittlich 1200 Schritte am Tag zurück, ein Grafikdesigner 1400 Schritte, ein Manager 3000 Schritte, ein Verkäufer 5000 Schritte, eine Hausfrau mit Kindern 13 000. Postboten gehen immerhin 18 000 Schritte pro Tag.

In der zweiten Trainingseinheit werden auch einzelne Muskelpartien (Arme, Beine, Po) durch die zahllosen Wiederholungen stark beansprucht und gekräftigt. Verbesserte Kondition und körperliche Fitness wären also weitere positive Folgeerscheinungen. Lediglich die verkürzte Schlafdauer ist ein Manko und führt dazu, dass die Leistungsfähigkeit insgesamt nicht nennenswert verbessert beziehungsweise eine Steigerung nicht als solche wahrgenommen wird. Das vorrangige Gefühl der Athletinnen in dieser Phase ist: »Ich kann nicht mehr.«

Motivation: Aufgeben gibt es nicht

Auch wenn Sie manchmal oder ständig denken, dass Sie nicht mehr können: Bei der Ironmom gibt es kein Aufgeben, Sie müssen weitermachen. Egal wie. Das hört sich hart an. Ist es auch. Gerade die ungewohnten Belastungen der ersten beiden Trainingseinheiten lassen bei mancher Sportlerin Zweifel aufkommen, ob es die richtige Entscheidung war, sich für die Ironmom qualifiziert zu haben – oder ob man sich davor nicht besser gehütet hätte. Schlafmangel, auftretende Komplikationen wie Milchstau, Brustentzündung oder ein krankes Baby können einen schier zur Verzweiflung treiben. Doch ungeahnte Kräfte können noch einmal entfaltet werden im Kampf um ein paar Stunden Schlaf für die Sportlerin:

> *»Wieder bekomme ich so eine schreckliche Ahnung, ein Gefühl, dass ich ihn eigentlich nicht kenne, den Mann, mit dem ich jetzt sieben Jahre zusammenlebe. Alles ist unwirklich, der Boden unter meinen Füßen schwankt. Ich weiß nicht, wie ich ihm begreiflich machen soll, was es heißt, mit einem drei Monate alten Baby Tag und Nacht allein zu sein. Das kann man nicht verstehen, wenn man es nicht erlebt hat. Schließlich siegt meine Hysterie, und mein Schreien übertönt Johan. Er gibt auf, ahnt er vielleicht, wie nahe ich der Grenze bin.«*
> (Sveland, 2009, S. 77)

In solchen Momenten, wenn man nur noch verzweifelt ist, sollte man seinen Tränen ruhig freien Lauf lassen.

Keine Angst, das Baby merkt es nicht beziehungsweise merkt sich Ihre Verzweiflung nicht, es ist noch zu klein. Und denken Sie daran, dass viele Ironmoms diese Phasen haben. Auch wenn wenige es zugeben und die meisten es schon bald darauf vergessen.

Das Vergessen ist ein psychologisches Phänomen, das bei allen Athletinnen vorkommt. Es hilft ihnen, weiterzumachen. Weil es ja doch keine andere Wahl gibt. Und weil alles ein Ende hat. Und weil es andere auch überlebt haben. Und weil es letztendlich stark macht. Und weil es sich lohnt. Und weil es auch unglaublich viele schöne Momente gibt.

Regeneration: Outdoor-Übungen und Gesprächsstoff

Das tägliche und nächtliche Ausdauertraining verlangt dem Körper viel ab. Daher sind Ruhephasen gerade in dieser Trainingseinheit besonders wichtig. Nutzen Sie jede sich bietende Gelegenheit, zu schlafen und sich auszuruhen.

Versuchen Sie, sich dem Rhythmus des Babys anzupassen, auch wenn anfangs kein Rhythmus erkennbar ist. Schlafen Sie, wenn das Baby schläft, oder genießen Sie die Zeit, wenn es wach ist, um einfach mit ihm auf dem Bett zu liegen und zu relaxen. Das funktioniert in dieser Trainingseinheit ganz gut, da das Baby noch nicht mobil ist.

In späteren Trainingseinheiten wird es die Entspannungsübung in dieser Form nicht mehr geben.

Weitere Möglichkeiten zum Entspannen und Auftanken bieten sich bei Spaziergängen. Der Körper bekommt bei dieser Outdoor-Aktivität ein Maximum an Sauerstoff, der Teint wird belebt und verspannte Muskeln lockern sich.

Auch Ihr Geist entspannt sich durch neue Sinneseindrücke und den freien Lauf der Gedanken. Darüber hinaus sind Spaziergänge eine gute Möglichkeit, die eigene Umgebung zu erkunden und Neues zu entdecken. So kann man beispielsweise nahe gelegene Städte oder Stadtteile besuchen, Wege gehen, die man sonst nicht gehen würde, in Läden, Museen, Kirchen, in denen man noch nie war, oder alle Lokale der näheren Umgebung ausprobieren. Und spätestens wenn das Baby in Kinderwagen oder Tragehilfe eingeschlafen ist, besteht die Möglichkeit, sich auf eine Parkbank oder in ein Café zu setzen, dort Musik zu hören, zu lesen oder selbst einzuschlafen.

Alle Streifzüge haben neben positiven körperlichen Auswirkungen noch einen anderen Vorteil: Man hat was zu erzählen. Endlich kreisen die eigenen Gedanken und Kurzgespräche mit dem Partner einmal nicht nur darum, wie oft der Nachwuchs Stuhlgang hatte und dass er morgens die Brust oder das Fläschchen verweigert hat und man schon überlegt hat, deswegen zum Kinderarzt zu fahren.

Trainingstagebuch »iPod-Baby«

Lucy mit Paul, 3 Monate

Ich kann nicht mehr. Habe letzte Nacht nicht mehr als drei Stunden geschlafen. In der Nacht davor auch nicht mehr. Irgendwas war immer mit dem kleinen Zwerg. Und ich weiß nicht, was. Und wenn nichts war, habe ich gedacht: »Gleich ist bestimmt wieder was. Brauchst gar nicht erst einzuschlafen.« Bin ich dann auch nicht.
Nun liegt wieder ein ganzer, langer Tag vor mir. Zu allem Überfluss gießt es in Strömen. Und es ist erst viertel nach sieben. Der kleine Mann weint. Ich nehme ihn hoch, trage ihn müde durch die Wohnung. Sehe die Wäscheberge, das ungemachte Bett, das dreckige Geschirr in der Spüle, die Reste vom Abendessen auf dem Tisch.
Und den iPod.
Der kleine Mann ist eingeschlafen. Statt zu spülen, zu waschen, die Betten zu machen, stecke ich mir die Kopfhörer in die Ohren.
»Sex Bomb« von Tom Jones. »Lang ist's her«, denke ich, »aber Duschen ist keine schlechte Idee.« Gedacht, getan.
Ich fühle mich besser und sehe auch so aus, meine ich zumindest. Ein bisschen Make-up, Wimperntusche, Lippenstift.
»Jeans on« von David Dundas: Jogginghose aus,

Jeans und figurbetonten Pulli an. »Gar nicht so übel«, zwinkert mir mein Spiegelbild zu.
Der Kleine weint, ich mache ihm sein Fläschchen.
»Relax« von Frankie goes to Hollywood, während wir auf dem Sofa sitzen und ich das zufrieden trinkende Kind auf meinem Arm betrachte.
»I will survive«, Gloria Gaynor. Das wäre schön.
Mit dem Kleinen auf dem Arm tanze ich durch die Wohnung. Das scheint ihm zu gefallen, er lächelt.
Das zufriedene Glucksen kann ich leider nicht hören, stattdessen
»Street life« von Randy Crawford. »Na, dann wollen wir mal rausgehen und einkaufen«, flüstere ich ihm zu, während ich uns Jacken anziehe.
Draußen regnet es immer noch. Aber das ist uns jetzt egal.
»Riders on the Storm« von den Doors.
Meine Laune hellt sich zusehends auf. Der Himmel auch. Wir laufen durch die Straßen. »Funky Town« von Lipps Inc. Schließlich stehen wir vor dem Supermarkt.
»Welcome to the Jungle«, Guns N'Roses.
Die Einkäufe sind schnell erledigt. »Hot Stuff«, Donna Summer.
Nach einem kleinen Spaziergang (»Paradies City«, Guns N'Roses und »Berlin« von Ideal), gehen wir wieder nach Hause, wo der kleine Mann sein nächstes Fläschchen bekommt. Dazu setzen wir uns auf die Couch vor dem Fenster und wärmen uns an den drei Sonnenstrahlen.

»My Friend« von Groove Armada und »Blaue Augen« von Ideal.

Ich lege ihn hin und mich dazu. Stelle die Musik ein wenig leiser.

»Sleeper in Metropolis«, Anne Clark. Bei »Big Sleep« von Simple Minds sind wir beide eingeschlafen.

Ich wache auf, der Kleine schläft noch. Ganze anderthalb Stunden, stelle ich beim Blick auf die Uhr überrascht fest. Ich fühle mich wie neu geboren und nutze die Zeit.

»Cleaning up«, Burning Spear: spülen, Betten machen. Es geht überraschend leicht von der Hand. Der Kleine wird wach, wir liegen gemütlich auf dem großen Bett und er betrachtet neugierig meine Hände und meine Lippen, die sich zu »Feel« von Robbie Williams bewegen.

»Promised you a miracle«, Simple minds, gefolgt von »Lost in Music«, Sister Sledge.

Die nächsten 30 Lieder und sechs Stunden vergehen wie im Fluge. Zeit für Männleins Abendfläschchen und zum Schlafengehen.

»Lalelu«, diesmal von mir.

Ich schleiche mich auf Zehenspitzen aus seinem Zimmer. P. kommt bestimmt gleich nach Hause.

»I Feel love«, Donna Summer.

Ernährung:
Kalte Würstchen statt Lollo Rosso

Natürlich ist eine ausgewogene, abwechslungsreiche, frische, vollwertige, vitamin- und mineralstoffreiche Ernährung in dieser Trainingseinheit das Beste für Mutter und Kind, besonders wenn man stillt. Viele Athletinnen berichten allerdings, dass es schwierig sei, sich derartig zu ernähren. Der Satz »Ich komm zu nichts« bezieht sich auch auf die Art und Weise der Nahrungsaufnahme. Ein leerer Kühlschrank, weil man es noch nicht geschafft hat einzukaufen, Zeitmangel, weil das Baby viel schreit, und extreme Müdigkeit und damit verbundene Antriebslosigkeit sind nur einige Hindernisse, die den guten Vorsatz, sich gesund zu ernähren, leider viel zu oft durchkreuzen.

Ein hastig aufgewärmter Linseneintopf aus der Dose oder ein halbtrockenes Brot mit Marmelade treten an die Stelle von schonend gegartem Gemüse, einem frischen Salat mit Sonnenblumenkernen oder dem lecker zubereiteten Bircher-Müsli.

Von Fast Food stellt man auf Very Fast Food um. Und man holt es sich nicht bei McDonald's oder der nächsten Pommesbude, sondern findet es in den hinteren Winkeln der Speisekammer oder des Vorratsregals. Kombiniert werden kann eigentlich alles: Die Reste vom Abendessen mit einem Joghurt, dessen Verfallsdatum noch nicht so lange zurückliegt, 5-Minuten-Terrine mit kaltem Kaffee und einem Apfel, Knäckebrot mit glasigem Camembert und einem Fruchtzwerg, Ravioli mit Leitungswasser und Multivitamintablette.

Um dieser ernährungswissenschaftlich desolaten Situation zu entkommen, kann der Partner eine große Hilfe sein. Er kann einmal in der Woche, in der Regel am Wochenende, einen großen Großeinkauf machen, abends öfter mal kochen oder gar zum Essen in ein nettes Restaurant einladen.

Outfit: Funktional schlägt sexy

Für die zweite Trainingseinheit braucht man noch kein besonderes Outfit. Möglichst pflegeleichte, bequeme Kleidung ist völlig ausreichend (Jogginghose, T-Shirt, Sweatshirt, Bademantel). Wichtig ist, dass man sich in der Kleidung wohl fühlt und sie schnelles Umziehen ermöglicht, wenn das Baby nach beendigter Nahrungsaufnahme gespuckt hat oder der Abschluss des Verdauungsvorgangs beim Windelwechseln erfolgt ist.

Stillende Mütter sollten sich ein paar gut sitzende Still-BHs zulegen plus eine großen Vorrat an Still-Einlagen. Denn für viele Außenstehende sind sich auf dem T-Shirt in Brustwarzenhöhe abzeichnende feuchte Flecken nicht Zeichen für eine respektable Ernährerin, sondern sie sind schlichtweg ein Grund, peinlich berührt zu sein.

Für das Outdoor-Training ist jahreszeitenabhängig geeignete Oberbekleidung nützlich. Herbst- und Winterjacken sollen keine komplizierten Verschlussmechanismen haben, sondern zuallererst schnell an- und ausziehbar sein.

Als Schuhwerk empfehlen sich bequeme Laufschuhe, in denen man einen sicheren Halt hat.

Die Trainingskleidung der zweiten Einheit ist zugegebenermaßen nicht besonders sexy, aber die Athletinnen haben in dieser Phase meist andere Probleme, als eine gute Figur zu machen.

Erschwerte Trainingsbedingungen: Postnatale Depression

Ist die zweite Trainingseinheit ohnehin hart bis sehr hart, kann es einige Athletinnen noch umso härter treffen: wenn zu den Belastungen der ersten Wochen beziehungsweise Monate eine postnatale Depression (PND) das Leben zusätzlich erschwert. 10 bis 20 Prozent aller frischgebackenen Mütter sind davon betroffen. Anders als der so genannte »Baby-Blues«, eine weinerliche Gereiztheit und Ängstlichkeit ziemlich direkt nach der Geburt, die allerdings nach einigen Tagen automatisch wieder verschwindet, kann die PND im ersten Jahr nach Geburt des Kindes jederzeit entstehen. Sie tritt in graduellen Abstufungen von leichter bis sehr schwerer Ausprägung auf. Typisch ist eine schleichende Entwicklung. Als Kennzeichen der postnatalen Depression gelten:

- Müdigkeit, Erschöpfung, Energiemangel
- Traurigkeit, häufiges Weinen
- Schuldgefühle

- Gefühl der inneren Leere
- allgemeines Desinteresse, sexuelle Unlust
- Konzentrations-, Appetit-, Schlafstörungen
- extreme Reizbarkeit
- ambivalente Gefühle dem Kind gegenüber
- psychosomatische Beschwerden, zum Beispiel Kopfschmerzen, Schwindel, Herzbeschwerden
- Ängste, Panikattacken, Zwangsgedanken (wiederkehrende destruktive Vorstellungen)
- Suizidgedanken

In einer leichten Ausprägung fühlen sich Mütter oft erschöpft, antriebslos, ängstlich und leer. Es fällt ihnen schwer, den Alltag mit dem Baby zu bewältigen, und sie sind nicht in der Lage, ihrer Situation positive Seiten abzugewinnen. Hält diese depressive Stimmung an, oder verschlechtert sie sich gar, ist ärztliche Hilfe dringend notwendig, denn eine PND verschwindet nicht von selbst. Wie dramatisch und belastend eine PND verlaufen kann, schildert die US-Schauspielerin Brooke Shields eindringlich in ihrem autobiografischen Roman *Ich würde dich so gerne lieben: Über die große Traurigkeit nach der Geburt*. (Shields 2006)

Über die Ursachen der PND herrscht keine Einigkeit: Einige Ärzte machen die hormonellen Schwankungen während und nach der Geburt dafür verantwortlich, andere biochemische Prozesse in bestimmten Gehirnregionen. Wieder andere sehen die Ursachen in der völligen Umstellung des Lebenswandels.

Wahrscheinlich führt das Zusammenwirken mehrerer Faktoren zu einer psychischen Überlastungsreaktion, wobei die Anzahl und Intensität der einzelnen Belastungsfaktoren das Ausmaß der Erkrankung bestimmen. Diese Erkenntnis hat zur Folge, dass bei jeder Frau eine unterschiedliche Gewichtung der beteiligten Faktoren zu berücksichtigen ist.

Eine von der PND betroffene Mutter interessiert sich in der Regel weniger für die Ursachen als für die Beseitigung dieser das Leben zur Hölle machenden Erkrankung.

Glücklicherweise ist eine PND durch Medikamente oder Therapie heilbar. Hierzu ist es unerlässlich, ärztliche Hilfe in Anspruch zu nehmen. Der Arzt entscheidet, je nach Schwere der Symptome, welche Hilfe notwendig ist: medikamentöse Behandlung oder eine therapeutische oder eine Kombination von beidem. Bei den meisten Athletinnen ist die PND ungefähr ein Jahr nach ihrem erstmaligen Auftreten komplett wieder ausgeheilt.

Die dritte Trainingseinheit

>*The show must go on«*
>Queen 1981

Aufbauendes Intervalltraining: Der Spagat zwischen Hausarbeit und Babygeschrei

Die ersten acht Wochen sind geschafft. Die Grundübungen sitzen und werden fast automatisch ausgeführt. Die Athletinnen haben ihr Training erfolgreich absolviert, sie sind müde und ausgelaugt. Der beste Zeitpunkt also, um das Trainingstempo noch ein wenig zu steigern und weitere Zusatzübungen zu integrieren.

> Sinnvolle Zusatzübungen:
>
> - Körperpflege (eigene) wieder aufnehmen
> - Make-up auflegen
> - regelmäßig Maniküre und Pediküre durchführen
> - sich sorgfältig frisieren
> - Beine, Achseln und eventuell Intimbereich rasieren
> - Beckenbodenübungen, Stretching, figurstraffende Übungen durchführen
> - auf Garderobe achten, sich schick machen

- Sozialkontakte pflegen (telefonieren, Termine wahrnehmen)
- den Partner verwöhnen
- Post öffnen und erledigen, Rechnungen überweisen
- externe Kurse belegen: PEKiP, Babymassage, Babyschwimmen

Die meisten Athletinnen empfinden auch die dritte Trainingseinheit als sehr hart, belastend und ermüdend. Intensität und Anzahl der Übungen haben zugenommen, Erleichterungen gibt es nicht, da das Baby dieselbe Pflegeintensität beansprucht wie zuvor. Hinzu kommt, dass das Umfeld zunehmend intoleranter wird. Wurde den Athletinnen während der ersten beiden Trainingseinheiten noch eine gewisse Schonfrist zugestanden, reagieren nun Partner, Verwandte und Bekannte mit wachsendem Unverständnis: »Jetzt trainiert sie schon so lange, inzwischen müsste sie doch endlich mal alles im Griff haben!«

Keine Athletin sollte sich dadurch unter Druck setzen lassen. Man ist weder faul noch träge oder untätig, doch die parallele Ausübung mehrerer Disziplinen zur selben Zeit oder in extrem straffer Abfolge schwächt nach wie vor Körper und Geist.

»Den Haushalt kann man nur mal eben so nebenbei machen. Der Kleine wird öfter wach oder möchte beschäftigt werden oder oder oder. ... Habe eben zum Beispiel ganz schnell gesaugt, Waschmaschine ange-

schmissen, Wäsche sortiert, den Boden unten geputzt, Wäsche gefaltet, den Kleinen dazwischen versorgt und gerade Rechnungen überprüft etc. Ich bin jetzt schon sowas von platt, würde mich am liebsten neben den Kleinen hinlegen. Bringt aber nix, denn der wird gleich schon wieder vor Hunger aufwachen. Und dann wär ich nur noch kaputter als vorher. Also lass ich es lieber. Und das mit den Freudeskreis ist auch so 'ne Sache. Es gibt tatsächlich Mädels, die enttäuscht von mir sind, weil ich mich nicht mehr so oft melde. Hallo, geht's noch? Ich hab kaum noch Zeit für mich selbst, aber ganz gewiss fürs telefonieren, oder was?«

Quelle: www.mamacommunity.de/forum/bin-ich-ueberfordert.html?page=1 (15.06.2010)

Ein wenig Erleichterung verschafft vielen Athletinnen die Tatsache, dass sie mit einer Reihe von Disziplinen mittlerweile sehr vertraut sind und es dadurch manchmal schaffen, das Training weniger gehetzt anzugehen. Man hat festgestellt, dass das Baby auch mal einige Minuten quengeln kann, ohne dass es stirbt. Man hat erfahren, dass es gerne auch mal still und ungestört in der Gegend herumblicken möchte, für kurze Zeit sich selbst genug ist und man also zumindest den Frühstückstisch abräumen kann. Und man hat erkannt, dass es manchmal völlig reicht, mit ihm in einem Raum zu sein und summend den Abwasch zu erledigen. Es hat sich gezeigt, dass das Baby völlig fasziniert von Staubsaugergeräuschen ist und hochzufrieden in einer Babyschale auf der laufenden Waschmaschine liegt, während man selbst die Wäsche aufhängt. Diese und ähnliche Beobachtungen führen dazu, dass die

Anspannung, die die Athletinnen besonders anfangs unter Stress gesetzt hat, nachlässt; sie absolvieren nun einzelne Disziplinen deutlich gelassener.

Erste sichtbare Trainingseffekte: Muskelklasse statt Masse

In der dritten Trainingseinheit werden erste Auswirkungen des ununterbrochenen Dranbleibens sichtbar. Bei fast allen Athletinnen zeigt sich eine Gewichtsreduktion, vor allem am Bauch, aber auch an den Hüften und Oberschenkeln. Grund dafür ist neben der permanenten Beanspruchung auch die reduzierte Ernährungszufuhr. Das liebevoll gekochte Drei-Gänge-Menü mit Nachtisch entfällt zugunsten des Apfels zwischendurch oder eines schnellen Kaffees. Das romantische Abendessen beim Stammitaliener wird durch »Schatz, wenn du dir eben ein Brot schmierst, machst du mir dann eins mit?« ersetzt.

Weitere sichtbare Effekte sind zunehmender Muskelaufbau an den Armen durch permanentes Babyaufnehmen, Tragen und Wiegen sowie an Oberschenkeln und Po durch ständiges Bücken, Dinge aufheben, Herumlaufen mit und ohne Baby.

Bauch, Beine, Po: Baby-Schaukel, Shop-Stepper, Baby-Sprint und mehr

Das alltägliche Routinetraining kann durch gezielte Übungen für Po-, Bauch-, Oberschenkel- und Armmuskeln noch intensiviert werden.

Acht der effektivsten Übungen, die ohne großen Aufwand zwischendurch praktiziert werden können oder müssen, werden im Folgenden vorgestellt.

1. Baby-Schaukel: Legen Sie das Baby in eine Babyschale. Diese sollte ein Eigengewicht von mindestens 9 Kilogramm haben. Zusammen mit dem Baby kommt man so locker auf 13 bis 15 Kilogramm. Heben Sie nun die Babyschale hoch und tragen Sie sie. Entweder beidhändig oder mit nur einem Arm. Je länger desto besser, denn diese Übung kräftigt die Ober- und Unterarme. Sie ist gut zu kombinieren mit Übung 2.
2. Shop-Stepper: Mit einer Hand halten Sie das Baby auf dem Arm oder in der Babyschale, in der anderen haben Sie mehrere Einkaufstüten; Fortgeschrittene kaufen hauptsächlich Großpackungen und Getränke. Bewohnerinnen des 2. Stocks und höher gehen nun Stufe für Stufe zur Wohnung, Erdgeschossbewohnerinnen und Teilnehmerinnen mit Eigenheim benutzen einen Stepper. Wiederholungen: 1- bis 5-mal täglich, mindestens 60 Steps. Diese Übung kräftigt die Ober- und Unterarme sowie die Po- und Oberschenkelmuskulatur.
3. Baby-Sprint: Begeben Sie sich in einen anderen Raum als das friedlich spielende oder schlafende Baby und

räumen Sie dort herumliegende Dinge weg. Auf Kommando – Gebrüll – rennen Sie, so schnell Sie können, zum Baby, nehmen es auf und trösten es. Wiederholung nach Bedarf, mindestens aber 10-mal täglich. Diese Übung kräftigt die Po- und Oberschenkelmuskulatur.
4. Shit-ups: Das Baby liegt auf dem Wickeltisch, Sie stehen mit leicht gegrätschten Beinen und durchgedrückten Knien davor, der Oberkörper ist zum Baby gebeugt. Nun wird die dreckige Windel entfernt und nach einer leichten Drehung des Körpers und einer Kniebeuge in den Windeleimer getan. Danach richten Sie sich unter Körperspannung wieder gerade auf und befestigen eine neue Windel. Wiederholung nach Bedarf. Diese Übung kräftigt die Po- und Oberschenkelmuskulatur.
5. Schlaf-Wandern: Sie setzen oder stellen sich neben das Babybettchen, um den Säugling zum Schlafen zu bringen. Nach einer Weile wird der Oberkörper über das Bett gebeugt. Küsschen. Dann drehen Sie sich um und gehen Richtung Zimmertür, kehren bei Ertönen des akustischen Signals wieder um und zurück zum Bettchen. Gegebenenfalls setzen Sie sich vors Bett.
Sind Sie bereits aus dem Zimmer hinaus gelangt, wenn das Signal kommt, gehen Sie wieder hinein. Dies wiederholen Sie so lange, bis das Kind eingeschlafen ist. Diese Übung ist mehrmals täglich zu praktizieren. Sie kräftigt die Po- und Oberschenkelmuskulatur.
6. Baby-Lift: Das Kind liegt auf dem Boden, dem Bett, dem Wickeltisch, in der Wippe oder im Kinderwagen. Mit leicht gespreizten Beinen stellen Sie sich vor das Kind, beugen sich zu ihm oder gehen in die Hocke und

nehmen es hoch. Mindestens 20 bis 40 Wiederholungen über den Tag und die Nacht verteilt sind üblich. Die Übung kräftigt die Ober- und Unterarme sowie die Po- und Oberschenkelmuskulatur.
7. Trost-Wipper: Sie nehmen das weinende Baby auf den Arm und wiegen es langsam von links nach rechts. Dabei gehen Sie langsam auf und ab. Fortgeschrittene können auch leichte Kniebeugen machen oder einen Sitzball benutzen und dabei ein beruhigendes Liedchen summen. Mehrere Wiederholungen über den Tag und die Nacht verteilt sind die Regel. Die Übung kräftigt die Ober- und Unterarme sowie die Po- und Oberschenkelmuskulatur.
8. Hurry-out-of-bed-crunch: Sie liegen im Bett in Seiten-, Rücken- oder Bauchlage. Bei Ertönen eines akustischen Signals (Baby weint) werden sofort die Beine in einem Bogen aus dem Bett geworfen und Sie sprinten zum Kind. Diese Übung wird häufig nachts durchgeführt, kann aber auch tagsüber praktiziert werden, sowie die Athletin sich nur einmal kurz hinlegt. Es ist ein sehr effektives Bauchmuskeltraining, von dem auch die Beinmuskeln profitieren.

Neben den positiven Effekten des Trainings für die Figur gibt es eine Reihe nicht so schöner Folgen für die körperliche Attraktivität. Dazu gehören die immer größer gewordenen Augenringe und der blassgraue Teint, der sich über die in der Schwangerschaft so gesund anmutende rosige Gesichtshaut gelegt hat. Auch die volle Haarpracht beginnt, Federn zu lassen. Das wird einem schlagartig bewusst, wenn nach dem Haarewaschen der Badezimmerboden plötzlich Strähnchen hat. Das ist kein Grund zur Besorgnis oder Verzweiflung, sondern eine normale hormonelle Reaktion. Diese ungeliebten und unschönen Symptome verschwinden in einer der nächsten Trainingseinheiten von ganz allein.

Psychische Trainingseffekte: Ist das noch Säuglingspflege oder schon Grenzerfahrung?

»Sie schreit nahezu pausenlos. Und wenn ich sie dann endlich nach einer Stunde Trösten zum Schlafen gekriegt habe, fängt sie wieder an zu quengeln, just in dem Moment, wo ich sie gerade hinlegen will. Das macht mich wahnsinnig. Ich komme zu nichts.«

Maria, Mutter eines 8 Wochen alten Säuglings

»Jede Nacht wacht sie mindestens 5-mal auf und brüllt wie am Spieß. Ich weiß überhaupt nicht, was sie hat. Die ganze Familie ist übermüdet. Meine Nerven liegen blank. Und dann habe ich auch noch das Gefühl, dass mein Mann abends extra lange arbeitet, nur um nicht wieder das ganze Theater mitzukriegen.«

Karla, Mutter eines 7 Wochen alten Säuglings

Neben den sichtbaren körperlichen Veränderungen wird man auch psychische Folgen bei sich feststellen. Zu den auffälligsten gehört eine gewisse Dünnhäutigkeit aufgrund permanenter Übermüdung. Wenn man bedenkt, dass Schlafentzug von vielen Regimes als Foltermethode eingesetzt wurde, braucht man sich also nicht zu wundern.

Bei Wikipedia findet man dazu: »Dauerhafter Schlafmangel führt zu körperlichen Beschwerden (beispielsweise erhöhte Infektanfälligkeit, Kopfschmerzen) und zu psychischen Problemen (beispielsweise Denkstörungen, Müdigkeit, Halluzinationen, Reizbarkeit). Dauerhafter methodischer Schlafentzug wird daher auch als Methode der Folter unter anderem dazu eingesetzt, um klares Denken des Opfers zu unterbinden und um den Willen sowie die Widerstandskraft des Opfers zu brechen und so beispielsweise Aussagen zu erpressen.«

Man kann also von Glück reden, wenn man einfach nur ein bisschen müder und gereizter ist als sonst.

Oft führt diese Müdigkeit dazu, dass den Athletinnen einfache Handgriffe und Tätigkeiten eher mühsam von der Hand gehen und entsprechend länger dauern. So kann es passieren, dass dreckiges Geschirr auch nach 12 Stunden noch dreckiges Geschirr ist. Oder dass man die Wäsche mehrmals waschen muss, weil man es nach Beendigung des Waschgangs mehrere Tage nicht geschafft hat, sie aus der Maschine zu nehmen und aufzuhängen.

Auch die Konzentrationsfähigkeit schwindet durch den permanenten Schlafmangel, was bei nahezu allen Sportlerinnen zu ärgerlicher und unbequemer Vergesslichkeit führt. Man vergisst die Hälfte der Einkäufe und muss noch mal gehen. Und vergisst wieder was. Oder man sitzt vor dem Telefon und es fällt einem weder die Nummer von Mutter ein noch der Ort, wo man sie notiert haben könnte. Und wenn man sie endlich gefunden hat, weiß man nicht mehr, warum man eigentlich so dringend die Mutter anrufen wollte.

Auch läuft man durch diese Vergesslichkeit Gefahr, einen handfesten Ehekrach vom Zaun zu brechen. Wenn er beispielsweise die Überweisungen findet, um deren Einwurf er schon vor Wochen gebeten hat. Oder die Socken nicht, die, weil sie als einzige zum graumelierten Anzug passen, eigentlich längst hätten gewaschen sein müssen. »Schließlich habe ich dir schon vor Wochen gesagt, wie WICHTIG dieser Termin ist und dass ich dazu gerne diesen Anzug MIT DEN SOCKEN anziehen würde. Aber das scheint dich ja alles nicht zu interessieren!«, »'tschuldigung, Schatz, hab ich total vergessen«, schluchzt man und die Tränen schießen in die Augen. Weil man so vergesslich und dünnhäutig ist.

Neben permanenter Müdigkeit und damit einhergehender Vergesslichkeit spielt die plötzlich aufgetretene, soziale Isolation eine nicht zu unterschätzende Rolle.

Hatte man vor Beginn des Trainings, als man noch berufstätig war, täglich mit Leuten, Arbeitskollegen zu tun, so hat die Ironmom von heute auf morgen kaum noch Ansprechpartner und lebt weitestgehend in einer sprachlichen Isolation. Abgesehen von den kurzen Wortwechseln mit Hebamme, Kinderarzt, Supermarkt- und Drogerieverkäuferinnen.

Während man zu Beginn der ersten und zweiten Trainingsphase noch ganz froh ist, nicht viel sagen zu müssen, wächst mit zunehmender Trainingsroutine auch wieder der Gesprächsbedarf. Zum In-Ruhe-Telefonieren fehlt Zeit und Muße, der Partner ist selten zuhause, also muss das Baby dran glauben. Und da es für die geistige Entwicklung des Nachwuchses extrem förderlich sein soll, fängt man an, es in Sprache zu baden. Das geschieht hauptsächlich, indem man alles kommentiert, was man tut: »So, die Mama muss mal Pipi machen. Und dann putzt sie sich noch die Zähne.« Oder zu tun gedenkt. »Gleich gehen die Mama und der kleine Tim mal einkaufen. Aber vorher müssen wir dir erst noch den Popo sauber machen.«

Diese Form der recht einseitigen und fantasielosen Kommunikation kommt mit äußerst geringem Wortschatz und einfachstem Satzbau aus. Die 1. Person Singular verschwindet, das Ich wird entweder zu »die Mama« oder verschmilzt im »Wir«. Tagtäglich – mangels Alternative – praktiziert, hat dieser verarmte Kommunikationsstil ernsthafte Auswirkungen auf die kommunikativen Fähigkeiten der Athletin. So kann es passieren, dass sie, ohne es zu merken, auch außer Haus beginnt, Dinge zu kommentieren. Wenn sie gewöhnliche Vorkommnisse dann gewohnheitsmäßig im Selbstgespräch beschreibt – »Schau mal, die Tante da vorne hat auch ein Baby« –, kann dies für Außenstehende doch recht befremdlich wirken. Auch in der Kommunikation mit anderen Erwachsenen, die kein Ironmom-Training absolvieren, kommt es manchmal zu Verwirrungen: Der Partner erzählt nach einem langen Arbeitstag von einer für seine berufliche Entwicklung wichtigen Diskussion mit seinem Chef und die Athletin unterbricht ihn nach etwa 20 Minuten mit den Worten: »Du, der Tim hatte heute wieder schrecklichen Durchfall.« Man braucht nicht viel Fantasie, um sich vorzustellen, dass der Partner, wenn sich diese sprachlichen Ausfälle häufen, zunehmend Lust verspürt, Gesprächsbeiträge über nicht babybezogene Themen doch lieber woanders loszuwerden. Und so beginnt eine Entwicklung hin zu einem Stadium, in dem sich schließlich die Ironmoms wie auf einem isolierten Kommunikationsplaneten fühlen.

Hier mag es ein – wenn auch schwacher – Trost sein, dass sich Ironmoms untereinander meist sehr gut bis prächtig verstehen. Zum Glück gibt es eine Reihe von Veranstaltungen, die ein Aufeinandertreffen und Kennenlernen ermöglichen. Babymassage-, Babygymnastik- und PEKiP-Kurse sind gute Beispiele für Stätten, wo die Ironmoms ungestört unter sich sein können und in aller Ausführlichkeit über Themen wie Baby, Baby und Baby plaudern können.

Ein weiterer Trost besteht in der Tatsache, dass jede Trainingseinheit lediglich eine Phase ist, auf die eine andere folgt. Notwendigerweise bleibt nichts, wie es ist, sondern ist permanenter Veränderung unterworfen. Das gilt auch für die psychischen Auswirkungen dieser dritten Trainingseinheit. Sie sind lediglich eine logische Folge der Trainingsumstände und der daraus resultierenden Belastungen. Und verschwinden automatisch, wenn die Athletin ein anderes Trainingslevel erreicht hat.

Übrigens: Es gibt auch einige seltene Exemplare von Traummännern, die die Frau dezent auf ihre sprachliche und intellektuelle Verkümmerung hinweisen und ihr tatsächlich Räume für intellektuell anregende Betätigung schaffen – zum Beispiel ihr die Möglichkeit geben, sonntags mal ein Buch zur Hand zu nehmen. Allerdings fallen diesen Privilegierten dann doch meistens noch, bevor sie das Buch aufgeschlagen haben, die Augen zu.

Motivation: Was Hänschen nicht lernt – erste Leistungskurse

Bereits in der dritten Trainingseinheit kann man beginnen, deutlich mehr Outdoor-Aktivitäten ins Training zu integrieren. Das Baby ist nun schon robuster und steckt Temperaturschwankungen locker weg. Auch wird es zunehmend neugieriger, Ortswechsel sind daher eine willkommene Abwechslung und stimulieren Babys natürlichen Wissensdurst. Diesen Umstand sollten sich die Athletinnen zunutze machen, um endlich wieder andere Erfahrungen jenseits des täglichen Einerleis in den eigenen vier Wänden zu machen.

Hier eignen sich in erster Linie Spaziergänge; aber auch Museumsbesuche, Einkaufsbummel und erste vorsichtige Treffen mit Freunden lockern den Trainingsalltag merklich auf. Am besten ist die Durchführung dieser Outdoor-Aktivitäten zu festgelegten, möglichst gleichbleibenden Zeiten, beispielsweise zwei Stunden vormittags und/oder nachmittags. Der Tag bekommt auf diese Weise eine Struktur, die idealerweise irgendwann auch das Baby begreift. Es wird – vielleicht – seine Ironmom für ihr zusätzliches Außentraining mit berechenbaren Schlafenszeiten belohnen.

Vielerorts gibt es ein breites Angebot an speziellen Kursen, an denen Ironmoms mit Baby teilnehmen können. Die Bandbreite reicht von Babymassage über Babyturnen, -schwimmen, PEKiP, Pikler, Babyzeichensprache bis hin zu diversen Krabbel- und Spielgruppen. Der Vorteil dieser Kurse ist, dass man wieder unter Leute kommt, sogar unter Gleichgesinnte (was aber nicht notwendigerweise gleichbedeutend mit wohlmeinend sein muss), dass sie Abwechslung bieten und Anregungen, was man alles mit einem Baby anstellen kann.

Der Nachteil der Kurse ist, dass sie oft recht teuer sind, dass man, wenn man einmal damit anfängt, merkt oder gesagt bekommt, was man noch alles machen könnte und sollte, und dass man feststellt, dass die Ironmom eine Einzelkampfdisziplin ist, bei der die Konkurrenz nicht schläft.

Die Konkurrenz schläft nicht

Trainingstagebuch: Solidarität unter Müttern?

Von Carla mit Jan, 12 Wochen

Endlich hatte ich mal wieder einen Termin (Kinderarzttermine nicht berücksichtigt). Nach drei Monaten, die mir wie ein zeitlicher Sumpf vorkamen, musste ich am Montag um 11.30 Uhr im Geburtshaus Adebar sein. Zum PEKiP.
Sieben Mütter mit etwa gleichaltrigen Säuglingen, die polnische Gruppenleiterin, ich und der kleine Mann versammeln sich in einem apricotfarben gestrichenen, völlig überhitzten Raum. Während man sein Kind aus der Jacke schält, wirft man verstohlene Blicke auf die anderen Säuglinge.

Die Gruppenleiterin moderiert die Vorstellungsrunde: »Ich bin die Slatka und gebe seit acht Jahren PEKiP-Kurse. Und du?« »Ich bin Carla und habe das noch nie gemacht.« »Nein, wie heißt dein Kind und wie alt?« »Ach so, das ist Jan und Jan ist 3 Monate alt.« Nachdem sich die Birgit, die Carla, die Melanie mit ihren Kindern der Max, die Leonie, der Carl etc. vorgestellt haben, sollen wir die Kinder nackt ausziehen.

Jan und noch zwei weitere Babys fangen fürchterlich an zu brüllen. Täusche ich mich, oder werfen uns die Mütter mit nicht brüllenden Babys leicht mitleidige Blicke zu? Ich versuche, Jan zu beruhigen, was mir nicht gelingt. Er schreit wie am Spieß. »Leg ihn doch an!«, meint die Sonja neben mir.

»Ich stille nicht.« »Hat bei mir irgendwie nicht geklappt«, füge ich schnell entschuldigend hinzu. Mit einem Dann-ist-ja-alles-klar-Gesicht beugt sich die Sonja zu ihrem Der-Name-ist-mir-entfallen-Baby. Slatka nimmt den Ball auf: »Wieso hat es denn bei dir nicht geklappt? Das ist aber schade.«

»Ich weiß auch nicht. Ich hab es zwei Monate probiert, aber ich hatte anscheinend nicht genügend Milch.« »Das ist doch Quatsch«, mischt sich die Carla ein. »Die Milchmenge lässt sich doch steigern. Hast Du dir denn keine Hilfe gesucht? Es gibt doch Stillberaterinnen.«

»Ich hab alles probiert, Hebamme, Saughütchen, Milchpumpe. Und dann hab ich 'ne Brustentzündung und Antibiotika gekriegt.« Ich möchte das Thema nicht weiter vertiefen.

»Aber hast du es nicht mit Quark- und Weißkohlwickeln probiert?«

»Doch, hab ich. Aber ... ist ja jetzt auch egal«, wiegle ich ab und versuche weiterhin, den schreienden Jan zu beruhigen. Die andere Mutter, deren Baby ebenfalls brüllt, blickt entschuldigend in die Runde: »Ich weiß gar nicht, was er hat, sonst ist der nie so.« Dann entblößt sie ihre Brust und legt das Baby an; es beruhigt sich augenblicklich. Ich kann das »Na siehste!« in den Gesichtern deutlich erkennen. Als ich im weiteren Verlauf des Sit-ins auch noch zugeben muss, dass Jan ein Kaiserschnittkind ist, ist mir klar, dass den anderen alles klar ist.

»Das ist aber schade!«, »Aber doch hoffentlich kein Wunschkaiserschnitt?«, »Bei mir wollten Sie den Carl auch per Kaiserschnitt holen, aber ich hab mich geweigert. Und dann hat's ja schließlich doch geklappt«, »Also, meine Geburt war auch nicht einfach.« Wie beim Quartett-Spiel werden nun relevante Daten verglichen: Schlafdauer nachts, Brust wie oft, Schreiverhalten, lässt sich trösten wodurch (Brust sticht), Babymassage ja/nein, Geburt. Die anderen lassen mich nicht mitspielen (werde gar nicht gefragt), da ich den schwarzen Peter habe.

Anschließend geht die Slatka reihum und zeigt, wie man das Baby vorsichtig auf den Bauch dreht, um es am Rücken zu massieren.

»Das lieben alle Babys!« Außer Jan, der, sobald sie ihn anfasst, wieder anfängt zu brüllen. Ich nehme ihn auf

den Arm und lasse diese Übung, die alle Babys mögen, aus. Schade, ich hätte sie ihm so gegönnt. Schließlich ist er schon ein Kaiserschnittopfer und bekommt noch nicht einmal die Brust.
Ich bin heilfroh, als der Kurs zu Ende ist, und während alle noch beieinander stehen und sich in Stillgeplapper ergehen, mache ich mich unauffällig aus dem Staub. Und gebe zuhause bei Google die Begriffe »Kaiserschnitt Schreikind nicht gestillt« ein.

Übrigens:
Das Prager Eltern-Kind-Programm (PEKiP) ist ein Konzept für die Gruppenarbeit mit Eltern und ihren Kindern im ersten Lebensjahr. Es soll das Zueinanderfinden unterstützen und zielt auf eine Frühförderung der Babys sowie einen Erfahrungsaustausch der Eltern ab.

Der Konkurrenzkampf unter Müttern steht in engem Zusammenhang mit den bereits erwähnten ideologischen Hürden. Vor allem die Athletinnen, die Verfechterin mehrerer Ideologien sind und diese auch noch alle miteinander zu einer »Gute-Mutter-Ideologie« verflochten haben, agieren auf diesem Schlachtfeld. Manche kämpfen offen und mit harten Bandagen, die meisten aber tarnen clever ihre Angriffe beispielsweise als erstaunte Nachfrage oder freundlichen Tipp. Die eingesetzten Waffen sind in der Regel mitleidige Blicke und vermeidlich wohlmeinende Ratschläge. Scheinbar harmlose Worte werden zu Pfeilspitzen, die mitten ins Herz treffen. Die Opfer tragen Verletzungen in Form von tiefer Verunsicherung, Scham oder akuten Versagergefühlen davon.

Gewichtsangaben (»Jonas wiegt schon sechs Kilo«), Bemerkungen über Größe (»Für ihre drei Monate ist sie aber recht zierlich, oder?«) und körperliche Fähigkeiten (»Ellen hebt ihr Köpfchen schon ganz alleine«) werden als versteckte Kampfansagen häufig wiederholt mit der Absicht, die Gegnerin zu zermürben und als Versagerin zu brandmarken. Hier machen ideologisch angefütterte Sportlerinnen anderen gern das Leben zur Hölle und mütterliche Fähigkeiten madig.

So kann eine Mutter, die nichts ahnend ihr Baby in einer Tragehilfe tragend zur Krabbelgruppe kommt, plötzlich Opfer einer konzertierten Mobbingaktion werden: »Hast du noch nicht gehört, wie schädlich dieses Modell für die Hüften und den Rücken deines Babys ist. Es gewährleistet doch überhaupt nicht die natürliche Anhock-Spreizhaltung. Hier, ich hab hier einen Zettel. Da kannste das mal nachlesen.«

Auch Nichtstillerinnen können ein Lied davon singen, wie sie sich fühlen, wenn sie, sobald sie in einer Mütterrunde das Fläschchen zücken, mit hochgezogenen Augenbrauen und Fragen wie »Stillst du gar nicht mehr?« misshandelt werden.

Auf die Frage, warum die Athletinnen sich das antun, warum sie neben den vielen körperlichen und mentalen Herausforderungen der Mutterschaft, sich auch noch auf diesem Nebenkriegsschauplatz verausgaben, gibt es eine Reihe von Antworten. Manche meinen, das sei biologisch bedingt, eine natürliche Folge der Evolution. Darwins »Survival of the fittest« bedeutet eben, dass nur die Fittesten Überlebenschancen haben, also ist jede gute Mutter bestrebt zu beweisen, das sie die »beste Mutter« ist. Die Natur hat es nicht anders gewollt.

Andere führen für diesen Mütterkampf gegeneinander die abnehmenden Kinderzahlen an. Wo es fast nur Einzelkinder gibt, stehen die Mütter unter einem immensen Erwartungsdruck und wollen für und vom Kind nur das Beste. Was das ist, erfahren sie aus zahllosen Ratgebern zum Thema. Sie sind bestens informiert, kennen Daten zu Gewicht, Größe und Fähigkeiten auswendig. Mit diesem Wissen wird beobachtet, bewertet und verglichen. Erweist sich dann die Realität und das Kind als widerspenstig, weil es die Ideale nicht erfüllt, machen sich Verunsicherung und Versagensängste breit. Das hat keiner gern, daher versucht man, den Kelch weiterzugeben, um selbst halbwegs ungeschoren davonzukommen. Mütter, die es anders handhaben, dienen allen anderen als Lieblingszielscheibe, denn sie stellen einen Angriff auf die eigenen Grundwerte dar.

Wieder andere identifizieren als Kern des Phänomens ein Identitäts- beziehungsweise Selbstbewusstseinsproblem:

»Das Kind soll schön und gut sein. Familienleben ist Lifestyle geworden, eine Endlos-Werbeschleife für die heile Innenwelt in der unsicheren Außenwelt. Die Kleindarsteller spielen dabei Hauptrollen. Jedoch das Kind nicht nur groß, sondern übergroß zu kriegen ist ein Vollzeitjob, der von der eigenen Identität wenig

überlässt. Deshalb empfinden Mütter Verhaltensweisen, die zur kindlichen Entwicklung dazugehören, schnell als Sabotage ihrer Erziehungsleistung. Der pädagogische Erfolg ist aber das Einzige, was ihnen bleibt, denn für das, was sie rund um die Uhr leisten, bekommen sie kaum Geld und selten Anerkennung. Das ist die Todesspirale fürs Selbstbewusstsein, die Mütter runterzieht in den Burn-out. Tröstlich ist da jede, die es noch schlechter hinzukriegen scheint; eine Tatsache, die auch die Beliebtheit von Erziehungssendungen im Fernsehen erklärt. Im Mobbing-Prozess Mutter vs. Mutter fallen harte Urteile.«

Quelle: SZ-Magazin Heft 31/2007: »Die Kinder-Kriegerinnen«

Es wird also auch weiterhin fröhlich gemobbt werden:

- *Kleinkind-Mütter, die im Drogeriemarkt vor den Gläschen stehen, hassen Mütter aus dem Schwangerschaftskurs, die mit »Waaas? Du fütterst schon zu?« neben sie treten.*
- *Mütter, die trotz Kindern arbeiten wollen, hassen Mütter, die sagen: »Ich hab mir meine Kinder nicht angeschafft, damit andere sie großziehen!«*
- *Praktische Mütter hassen esoterische Mütter, die jede Marotte damit erklären, ihr Kind wäre ein spirituelles ›Indigo-Kind‹ – unverstanden, weil viel zu gut für diese Welt.*
- *Alle Mütter auf Spielplätzen hassen Mütter, deren Kinder trotz deutlich sichtbarer Windpocken neben ihrem Kind schaukeln: »Ach, das ist längst nicht mehr ansteckend.«*

- *Eilige Mütter hassen Mütter, die mit Kinderwagen plus Kindern auf Rädern den Gehweg sperren: »Wir gucken uns nur eine Schnecke an!«*

Quelle: SZ-Magazin Heft 31/2007: »Die Kinder-Kriegerinnen«

Vielleicht ist der Konkurrenzkampf unter Müttern tatsächlich eine notwendige Disziplin im Rahmen der Ironmom. Es ist allerdings zu bedenken, dass er sehr viel Kraft und Energie kosten kann, wenn man sich auf ihn einlässt. Daher sollte jede Athletin, die sparsam mit ihren Kräften umgehen will, genau überlegen, ob, wo und wie lange sie in diese Schlacht zieht.

Regeneration: Zen, Autopilot und die Abschaffung des schlechten Gewissens

Generell eignen sich die Entspannungstechniken der zweiten Trainingseinheit auch für diese Trainingseinheit. Die Regenerationsübungen sollten aber dem Umstand Rechnung tragen, dass die Herausforderungen beständig gewachsen sind und gleichzeitig die körperliche Verfassung täglich schlechter wurde, und sollten entsprechend ausgeweitet werden. Hierzu stehen drei grundlegende Techniken zur Verfügung.

Simplify your life im Autopilot

Viele der in der dritten Trainingseinheit einzuübenden Disziplinen fordern zusätzlich zu der eigentlichen Übung die zigfache Wiederholung derselben, die endlose Wiederholung des Immergleichen. Mittlerweile sind sie daher den Athletinnen in Fleisch und Blut übergegangen. Diesen Umstand macht sich die »Autopilot-Übung« zunutze. Im Autopilot-Modus erledigt die Athletin Aufgaben, ohne eigentlich dabei zu sein. Handgriffe werden automatisch ausgeführt, während die Gedanken ganz woanders sind, der Geist löst sich vom Körper. Der Autopilot kann beim Stillen oder Fläschchengeben ebenso eingesetzt werden wie beim Windelwechsel oder bei der Hausarbeit. Wichtig ist lediglich, dass der vom Körper losgelöste Geist sich nicht mit der unmittelbaren Zukunft beschäftigt oder gar To-do Listen aufstellt. Er sollte sich idealerweise in anderen Sphären aufhalten, sei es im Reich der Fantasie, im Land der Glückseligkeit oder im Imperium der schönen Erinnerungen. Für Athletinnen, denen dies nicht gut gelingt, sind Hörbücher ein großartiges Hilfsmittel. Hier bieten sich wichtige Werke der Weltliteratur ebenso an wie Ratgeber zu Themen wie Motivation und Erfolg, Entspannung oder positives Denken. Während sich der Geist Harry Potter, der Leichtigkeit des Seins oder heilenden Gedanken für Körper und Seele zuwendet, kümmert sich der Körper um den Abwasch, die Fütterung des Nachwuchses oder die längst überfällige Reinigung des Kühlschranks. So hat sich im Nachhinein vieles automatisch erledigt und man selbst ist ein wenig schlauer.

Wer Angst hat, diese Übung könne dem Baby schaden, kann ganz beruhigt sein. Denn sie berücksichtigt die Empfehlung, »das Kind in Sprache zu baden«, voll und ganz. Wer diesbezüglich skeptisch ist, kann immer noch Kopfhörer benutzen.

Beppo der Straßenkehrer und das Wesen der Blume

»Man darf nie an die ganze Straße auf einmal denken, sondern immer nur an den nächsten Schritt«,

antwortet Beppo der Straßenkehrer in Michael Endes Jugendroman *Momo* auf die Frage, wie er seinen Job erträgt, tagtäglich die immer gleiche, lange Straße zu fegen (1973, S. 37). Beppo ist ein Meister des Zen-Buddhismus. Er ist auf dem besten Weg zu sich selbst, da er die Zen-Philosophie praktiziert.

Zen als Weg zur Erleuchtung und zu sich selbst ist Philosophie, Religion, Kunst, Weisheit, Meditation, Methode, Lehre, Erfahrung und angeblich eine Antwort auf die Frage nach dem Sinn des Lebens. In der westlichen Welt griffig zusammengefasst in Sätzen wie »Der Weg ist das Ziel« oder »Leben im Hier und Jetzt«, will Zen den Weg zu Gelassenheit, innerer Ruhe und Zufriedenheit verhelfen. Wesentliche Bestandteile sind die Bejahung des Alltäglichen, die Transzendenz des Verstandes, die Erleuchtung des Geistes und das Einswerden mit dem Universum.

»Die Blume sehen heißt, zur Blume werden, die Blume sein, als Blume blühen und sich an Sonne und Regen erfreuen.«
Buddhistische Weisheit

Zen als Entspannungstechnik eignet sich ideal für Ironmoms, da sie ohne großen Aufwand in den Alltag integriert werden kann und dadurch ein wesentliches Merkmal des Zen bereits erfüllt ist: Zen bejaht das Alltägliche.

Zen-Buddhismus deutet den Alltag um: Ähnlich wie Beppo der Straßenkehrer seinem Grundsatz »Man darf nie an die ganze Straße auf einmal denken, sondern immer nur an den nächsten Schritt« folgt, lehrt der Zen-Buddhismus: »Stirb hinein in jeden Schritt! Denke nicht an den vorausgegangenen und nicht an den nachfolgenden. Wesentlich ist nur dieser eine Schritt, jetzt, hier, und dann dieser Schritt, und dann dieser Schritt – und sonst nichts. Nur dies.« (Kopp, S. 77)

Dieses Hineinversenken und bedingungslose Akzeptieren des Augenblicks kann von Athletinnen während nahezu jeder Disziplin geübt werden, beim Stillen, Fläschchengeben oder bei der Hausarbeit. Denn laut Zen findet man Erlösung und Glück sowieso nur in den gewöhnlichen und unscheinbaren Dingen des Alltags.

Zwar ist Zen als Entspannungstechnik das genaue Gegenteil der Autopilot-Technik. Doch das macht gar nichts, vor allem spricht nichts dagegen, die beiden Techniken zu kombinieren, getreu dem Motto: Mal so, mal so.

Nothing to loose

Eine weitere mentale Entspannungstechnik ist die »Nichts zu verlieren«-Technik.

Sie fußt auf dem Grundsatz, dass man als Mutter sowieso nicht gewinnen kann. Denn noch nie gab es in der Öffentlichkeit so viele Meinungen darüber, wie eine gute Mutter zu sein hat. Allein Amazon verzeichnet 13 215 Einträge bei Ratgeberliteratur zu Kindheit und Erziehung. Kein Wunder, dass die Verunsicherung wächst. Noch nie haben Mütter sich schlechter gefühlt. 121 000 Treffer bekommt, wer bei Google »Mutter und schlechtes Gewissen« eingibt. Hier eine willkürliche Beichtliste, zusammengestellt aus verschiedenen Foren (die Namen wurden zum Schutz der Verfasserinnen geändert):

- Lilo weiß bis heute nicht genau, was denn nun welcher Schrei ihr sagen will. Alle sagen, die Schreie kann man schon nach ein paar Wochen deuten!
- Yellowrose macht sich Sorgen, weil ihr Kleiner nächstes Wochenende bei den Großeltern schlafen soll.
- Hedis Mann hat kein Verständnis dafür, dass der Kleine in seinem Kinderzimmer schlafen soll, und wirft ihr vor, sie sei egoistisch und eine schlechte Mutter!
- Rehzahn fragt sich, ob sie eine schlechte Mama ist, weil sie erst nach sechs Wochen weiß, was ihr Baby will.
- PennyPam hat ein schlechtes Gewissen, weil ihr Kleiner am Wochenende beim Papa ist. Damit sie in Ruhe Geburtstag feiern kann.

Egal, was man tut, man läuft Gefahr, das Verkehrte zu tun. Irgendwer wird das immer so sehen. Zwar legt das nicht den Umkehrschluss nahe, dass es egal sei, was man tut. Aber vielleicht hilft es, die ganze Sache gelassener anzugehen. Um sich so die stressige Verunsicherung vom Leib zu halten. Und um sich mehr auf sein Bauchgefühl zu verlassen, statt einen weiteren Ratgeber heranzuziehen. In dem mit Sicherheit wieder etwas anderes steht.

Kurze Verschnaufpause

Glückwunsch!

Das erste halbe Jahr ist fast geschafft. Bevor sie nun sang- und klanglos zur vierten Trainingseinheit übergehen, sollten sich die Athletinnen Zeit für eine kurze Verschnaufpause gönnen, sich eventuell einen Moment zurücklehnen, die muskulösen Beine hochlegen und Bilanz ziehen. Denn bis zum Ende der dritten Trainingseinheit haben fast alle Teilnehmerinnen Unglaubliches geleistet:

- ein Schlafdefizit von etwa 540 Stunden verkraftet (manche auch deutlich mehr)
- etwa 180 Kilometer mit dem Kinderwagen (Babytrage) zurückgelegt
- das Baby etwa 1100-mal angelegt und gestillt beziehungsweise rund 900 Fläschchen zubereitet und verfüttert
- etwa 700 Windeln gewechselt (einschließlich Shit-ups)
- 50 oder mehr Bade-Anstalten gemacht
- mindestens 250 Baby-Outfits gewechselt
- etwa 150 Shop-Stepper-Intervalle hinter sich gebracht
- täglich wiederkehrende Übungen wie Baby-Lift und Baby-Sprint absolviert
- etwa 360 Kilogramm an Einkaufsgewichten (täglicher

Einkauf inklusive Windeln, Feuchttücher etc.) durch die Gegend getragen
- etwa 150 Waschmaschinen beladen, entladen und anschließend die Wäsche aufgehängt
- diverse Hausarbeitsbelastungen (Kochen, Fegen, Aufräumen, Staubwischen etc.) mit (selten) abnehmbarem, stetig schwerer werdendem Zusatzgewicht erledigt
- ständiges Bein- und Armmuskeltraining durch Heben und Legen des Babys durchgeführt
- regelmäßige Outdoor-Aktivitäten (Spazierengehen, Einkaufen etc.) bei Wind und Wetter absolviert
- ständig wiederkehrendes, unberechenbares Tröst-Ausdauertraining inklusive Herumtragen des Babys vollbracht
- unzählige Grimassen geschnitten, Fingerspiele gemacht, Liedchen gesummt oder gesungen oder andere Geräusche gemacht

Da wahrscheinlich gerade niemand in der Nähe ist, der mit der Athletin diese Trainingserfolge feiern könnte, sollte sie sich jetzt einmal selbst voller Anerkennung im Spiegel anlächeln, sich auf die Schulter klopfen und sich gegebenenfalls mit einem Schluck Sekt zuprosten. Danach kann sie umso motivierter einsteigen in die vierte Trainingseinheit.

Die vierte Trainingseinheit

»*Time after time*«
Cindy Lauper, 1984

Freizeitsport »Beine hoch«

Die vierte Trainingseinheit baut auf der dritten auf und diese weiter aus. Grundsätzlich werden alle Übungen der zweiten und dritten Einheit regelmäßig wiederholt. Der wesentliche Unterschied zu den vorhergehenden Einheiten besteht darin, dass nun damit begonnen werden kann, den täglichen Trainingsablauf besser zu planen und zu strukturieren, da das Baby allmählich einige wenige verlässliche Gewohnheiten entwickelt. Hierzu gehört in erster Linie ein relativ berechenbares Schlafverhalten. Viele Babys können zu Beginn, spätestens am Ende der vierten Trainingseinheit nachts durchschlafen und machen ein bis zwei kurze oder längere Nickerchen im Tagesverlauf. Diese positive Entwicklung wirkt sich direkt auf die Athletinnen aus: Der mörderische Schlafentzug nimmt ab, man ist ausgeruhter, entspannter und deutlich belastbarer als vorher.

Eine weitere, für die psychische Verfassung nicht zu unterschätzende Folge dieser Entwicklung ist die Tatsache, dass es in dieser Trainingseinheit erstmals Freiräume gibt. Kleine Verschnaufpausen, die jede Athletin individuell und vor allem selbstbestimmt nutzen kann. Der

Umstand, nach so langer Zeit endlich wieder autonom über Zeitvertreib – und sei es nur während einer oder zwei Stunden am Tag – bestimmen zu können, wird von vielen als immense Befreiung empfunden. Die Erleichterung darüber, sich nicht mehr 24 Stunden lang Gewehr bei Fuß oder Feuchttuch im Anschlag im Allzeit-Bereit-Modus zu befinden, steht vielen Teilnehmerinnen ins Gesicht geschrieben.

Ein weiterer wesentlicher Unterschied zu den vorherigen Trainingseinheiten ergibt sich aus diesen neu gewonnenen Freiräumen: Die Trainingspläne werden nun individueller. Während die Trainingseinheiten zwei und drei bei allen Athletinnen recht ähnlich abliefen, es lediglich graduelle Unterschiede in Intensität und Beanspruchung gab, kann nun ein gewisses Maß an Individualität mit berücksichtigt werden. Die Entspannungsphasen können weitestgehend nach eigenen Wünschen gestaltet werden, abhängig vom Naturell der jeweiligen Athletin ist alles erlaubt: schlafen, einfach mal die Füße hochlegen und gar nichts tun, in Modemagazinen blättern oder ein Buch lesen, Körperpflege über das Maß des Notwendigen hinaus, im Internet surfen, Musik hören oder, wem das zu unsportlich ist, Gymnastik oder andere körperliche Ertüchtigung betreiben. Möglichkeiten gibt es viele, und das ist das eigentlich Befreiende.

Hier sollte sich keine Athletin ihre Auswahl madig machen lassen: weder von einem nörgelnden Partner (»Du sagst doch, die Kleine macht nun zwei Stunden Mittagschlaf, wieso habe ich immer noch keine gebügelten Hemden?«) noch von vernachlässigten Verwandten oder Bekannten (»Jetzt wo der Kleine durchschläft, könntest du doch öfters mal wieder abends durchklingeln!«) oder etwa dem eigenen schlechten Gewissen (»Eigentlich sollte ich die Zeit nutzen und Wäsche aufhängen, bügeln, zusammenlegen, den Kühlschrank saubermachen oder die Betten frisch beziehen!«).

Zusatzgewicht Ratgeberliteratur. Oder: Wie das schlechte Gewissen einem Beine macht

Sind die Athletinnen in den vorhergegangenen Trainingseinheiten relativ hochtourig und immer hart an der Belastungsobergrenze gelaufen, so können sie die in dieser Trainingseinheit auftauchenden Entspannungsphasen nutzen, um aufzutanken und die leeren Kräfte- und Energiedepots zumindest etwas wieder aufzufüllen.

Die Ausdauer- und Belastungsjunkies unter den Sportlerinnen können aber auch das Niveau der letzten Monate halten. Sie können wieder in den Job einsteigen oder zuhause alles nachholen, was notwendigerweise liegen geblieben ist (Gardinen waschen, Sofa reinigen, Altkleider entsorgen, Tiefkühltruhe abtauen etc.). Oder sie vertiefen sich in Ratgeberschriften – gedruckt oder digital – zum Thema Babyentwicklung.

Was auf den ersten Blick wie eine Entspannungsübung anmutet, wird schnell zum effektiven Belastungstest für die halbwegs wiederhergestellte Balance in der seelischen Gemütslage.

Bei Sätzen wie »Mit einem halben Jahr ist Ihr Kind schon sehr beweglich, dreht sich vom Bauch auf den Rücken und wieder zurück. Rollend durchquert es bald das ganze Zimmer (…). In Bauchlage kann es Arme und Beine gleichzeitig in die Höhe strecken und dabei Schwimmbewegungen machen, beide Arme durchstrecken und den Oberkörper hochdrücken, oder sich mit einem Arm abstützen und mit dem anderen frei nach einem Gegenstand greifen« (*Knaurs Babybuch*, S. 277) beginnen Alarmglocken leise zu klingeln. Max (Leon, Marie – das eigene Kind!) dreht sich bisher nur von der Rückenlage auf den Bauch, beginnt aber kurz darauf, lauthals zu schreien, da er alleine nicht mehr zurück kann.

Unruhe macht sich breit und man begibt sich an den Rechner, um die Lage im Internet zu checken. Nun taucht man ein in ein höllisches Wechselbad der Gefühle: Während nach der einen Quelle der Sprössling eigentlich noch viel mehr können müsste, verweist ein anderes Portal darauf, dass es Frühkönner und Spätentwickler gibt, wobei Letzteres nicht unbedingt ein Grund zur Sorge sei, wofür man Bestätigung suchen kann in zig weiteren angegebenen Links. Der innere Seelenfrieden kehrt erst wieder ein, wenn man sich Hilfe suchend an ein Forum gewendet hat und dort Antworten entweder von »Experten« oder anderen Müttern à la »Mach dir keine Sorgen, Jungen sind eh meist langsamer. Mein Luis hat erst mit acht Monaten das erste Mal gerollt«.

Oder man liest, dass Musik die sprachliche und motorische Entwicklung des Babys fördert und ihm ganz neue sinnlich-akustische Erfahrungen ermöglicht:

»Es ist sinnvoll und wichtig, Babys bereits vor dem sechsten Lebensmonat mit Musik auf vielfältige Weise in Berührung zu bringen. Das Hören von musikalischen Lauten und Klängen, das ›singende Nachbabbeln‹ der Lieder, führt zur intensiven Vernetzung der Gehirnzellen. Die universelle Software im ›Biocomputer‹ der Babys zum Erlernen jeder beliebigen Sprache erkennt die Musik wie eine Sprache und schafft Voraussetzungen dafür, je nachdem wie intensiv die Beschäftigung mit der Musik gestaltet wird, dass Musik als zweite ›Muttersprache‹ erkannt und erworben wird. Intensive Beschäftigung mit der Musik und insbesondere das Instrumentalspiel ist in mehrfacher Hinsicht für die Entwicklung jedes Menschen von Vorteil.«

Quelle: www.yamahaacademy.de/yamaha_academy/germany/content/
60_ news/20060226_ist_mein_Kind_Musikalisch/index.html (22.09.2010)

Man durchforstet daraufhin Tageszeitungen und das Internet nach geeigneten Angeboten und kommt erst wieder zur Ruhe, nachdem man sich und den Nachwuchs zu einem Musikkurs für Babys angemeldet hat.

Oder man hat es sich mit dem von begeisterten Mit-Müttern empfohlenen Buch *Oje, ich wachse* von Hetty von de Rijt und Frans X. Plooij auf dem Sofa gemütlich gemacht. Ein kenntnisreiches Buch, das sehr detailliert die Neugier der Athletinnen hinsichtlich des Kommenden befriedigt. Gleichzeitig drängt es die Sportlerinnen allerdings zur Intensivierung ihres Trainings. Denn hier erfährt man, dass Babys zu quasi festgelegten Zeiten »Entwicklungssprünge« machen, acht Stück in den ersten 60 Wochen. Kennzeichnend für all diese Sprünge ist, dass das Baby mehr schreit, anhänglicher ist, schlechter schläft, schlechter isst, launischer ist, sich weniger bewegt, stiller ist und mehr Aufmerksamkeit beansprucht. Die »Sprünge« oder auch »schwierige Phasen« dauern mehrere Wochen, anschließend kann das Baby etwas Neues, wie beispielsweise »Ereignisse wahrnehmen, Zusammenhänge erkennen oder Reihenfolgen verstehen«. Parallel zu diesen Erkenntnissen gibt das Buch Tipps, wie man dem Baby helfen kann, diese schwierigen Phasen zu meistern, um fürs Leben zu lernen. Pro Phase finden sich auf etwa 10 bis 25 Seiten Hilfestellungen, Anregungen und Spiele, die die Mutter mit und an ihrem Kind praktizieren kann. Spätestens wenn man die Aufzählung der hilfreichen Spiele hinter sich hat, ist es mit der Ruhe vorbei. Ungeduldig wartet man darauf, dass das schlafende Kind wach wird, um mit ihm 20-mal »Hoppe hoppe Reiter« zu spielen, anschließend Dinge »verschwinden« oder den Nachwuchs fliegen zu lassen: »Lassen Sie es starten und landen. Lassen Sie es Rechts- und Linkskurven fliegen. Lassen Sie es im Kreis und geradeaus fliegen, und auch mal rückwärts. Variieren Sie so viel wie möglich und variieren Sie auch mal die Geschwindigkeit. (...) Lassen Sie es auch mal vorsichtig »auf dem Kopf« landen. Natürlich begleiten Sie den gesamten Flug mit den unterschiedlichsten Summ-, Brumm- und Quietschgeräuschen.« (Rijt/Plooij, S. 212)

Diese und zig andere Spiele halten die Athletin weiterhin auf Trab und in Form und helfen darüber hinaus, das Baby optimal zu fördern, damit es sich bestmöglich entwickelt. Und sie dienen dazu, das eigene schlechte Gewissen zu beruhigen. Denn – und das wussten die wenigsten Athletinnen vor Beginn der Ironmom – es gibt kaum etwas weniger Kräfte zehrenderes als ein schlechtes Gewissen verbunden mit der Sorge um das Wohlergehen des eigenen Kindes.

Trainingstagebuch: Wie bei Muttern?

Helene mit Jakob, 7 Monate

Endlich! Der Kleine schläft. Es ist 21 Uhr und ich sitze mit einem Glas Rotwein auf dem Sofa und lasse mir das Gespräch mit meiner Mutter noch einmal durch den Kopf gehen. Seit Jakob auf der Welt ist, sehen wir uns viel häufiger. Sie ist ganz vernarrt in ihn.
Ich habe angefangen, ihr Fragen zu stellen. Manchmal aus Unsicherheit, als Jakob zum Beispiel plötzlich Fieber bekam oder als er nachts so gar nicht schlafen wollte oder ab wann ich ihm Brei anbieten sollte. Aber zunehmend auch aus Interesse. Wie sie es damals geschafft hat, drei Kinder und ihren Beruf unter einen Hut zu kriegen. Ich fühle mich ja oft schon mit nur einem Kind überfordert. Sie hat sich über viele Sachen gar nicht viele Gedanken gemacht, sagt sie, weil sie gar keine Zeit dazu hatte.
Gestillt hat sie uns nicht beziehungsweise nur ganz kurz, weil sie sechs Wochen nach den Geburten

jeweils wieder arbeiten musste (sie war Lehrerin und verdiente das Geld, während mein Vater damals noch an seiner Doktorarbeit saß).

»Natürlich gab es einen Laufstall. Ich musste doch nachmittags Korrekturen machen, konnte daher nicht immer hinter euch her sein, um aufzupassen. Meist habt ihr darin ganz friedlich gespielt.«

Gestern hat sie mir 50 Euro gegeben. Für den PEKiP-Kurs. Sie findet es gut, dass ich mit Jakob so was mache. »Zu unserer Zeit gab es das noch nicht, ihr habt einfach nackt im Garten gelegen und mit den Grashalmen gespielt, oder Käfer zerquetscht.«

Dann habe ich ihr erzählt, dass ich gerade auf der Suche nach einer Kita bin, wo ich Jakob für nächsten Sommer anmelden möchte (er wird dann 2). Anders als eine Freundin von mir, die im Süden der Republik lebt, habe ich die Qual der Wahl. Zwischen dem städtischen Kindergarten, einer Großpflegestelle, einer Tagesmutter und diversen Initiativ-Kinderläden mit unterschiedlichen Schwerpunkten (Montessori, naturverbunden, musikalische Frühförderung etc.). Bei der einen gefielen mir die Räume nicht, bei einer anderen die Erzieherin und bei wieder anderen hatte ich Probleme mit der Gruppensituation. Sie schaute mich an und meinte, dass es bei uns früher einen Kindergarten gab, in den wir dann, als wir drei waren, mussten. Basta.

Davor hat uns eine Haushälterin versorgt, bis sie so gegen 13 Uhr aus der Schule kam.

> Dann hat sie Essen gemacht. Sie weiß es nicht mehr ganz genau, aber so mit sieben Monaten hätten wir mitgegessen. Das, was auf den Tisch kam, nichts Besonderes, sondern »Erbsen, Möhren, Kartoffeln, Suppe, was man halt schnell machen konnte. Ich, ihr, wir hatten schließlich Hunger.«

Die vierte ideologische Hürde: »Auf die richtige Ernährung kommt es an!«

Achtung! Bei dieser ideologischen Hürde handelt es sich um eine tückische Doppelhürde.

Vorab die gute Nachricht: Die ideologischen Hürden werden flacher, beim Hürdenlauf wird nicht mehr ganz so vehement gekämpft. Das liegt hauptsächlich an der zunehmenden Trainingserfahrung der einzelnen Athletinnen und der damit verbundenen Erkenntnis, dass – rückblickend betrachtet – manche Aufregung hätte moderater ausfallen können. Aus der unkundigen Amateursportlerin ist in den letzten Monaten ein mehr oder weniger versierter Profi geworden, dem man so leicht nichts mehr vormachen kann. Nichtsdestotrotz verspüren einige Athletinnen eine gewisse Unsicherheit, da eine neue Disziplin ins Haus steht: Beikost beziehungsweise das Zufüttern von – ja was denn eigentlich? Hatte man in den letzten Monaten eine verlässliche Routine im Stillen oder

Fläschchengeben erworben, so stellt sich nun die Frage: »Beikost? Was und vor allem ab wann kann ich wirklich damit beginnen?«

Wie bei den letzten drei, bereits überwundenen ideologischen Hürden gibt es auf diese Fragen unterschiedliche Antworten. Der Empfehlung, mit Beikost mit dem Ende des 4. Monats zu beginnen, steht der Rat gegenüber:

> *»Beikost sollte frühestens! ab dem vollendeten sechsten Monat eingeführt werden und auch dann nur, wenn das Kind deutlich signalisiert, dass es bereit dafür ist.«*
> http://www.hebamme4u.net/ernaehrung/beikost.html (02.07.2010)

Hinsichtlich dieses Signals ist allerdings ebenfalls Vorsicht geboten. So ist nicht jeder neugierige Blick, den das Kind der essenden Mutter zuwirft, ein solches Zeichen. Hier kann es durchaus zu Fehlinterpretationen kommen.

Die verschiedenen Positionen zum Zeitpunkt des Zufütterns sind, wie sollte es anders sein, ideologisch unterfüttert. So warnt ein namhafter Hersteller von Babynahrung, dass nach dem vierten Monat Muttermilch beziehungsweise das Fläschchen allmählich nicht mehr genügt, um »Ihr Kleines mit allem Nötigen zu versorgen«.

Umgekehrt birgt ein zu frühes Zufüttern oder gar Abstillen ebenfalls gravierende Risiken; viele Experten und vermeintliche Experten beschreiben im Internet die Folgen: vom erhöhten Risiko für Infekte und Adipositas über eine schlechtere psychomotorische Entwicklung und ungünstigerer Kieferentwicklung, einem erhöhten Risiko für Diabetes Mellitus und möglicherweise für kardiovaskuläre Erkrankungen beim Kind, einem erhöhten Risiko für Mammakarzinom, Ovarialkarzinom und Osteoporose bei der Mutter bis hin zu einer schlechteren Mutter-Kind-Bindung mit einem erhöhten Risiko für Verwahrlosung.

Egal, wie man es dann macht, ist es verkehrt, und Spott und Häme kommen postwendend:

»*In einem anderen Forum hat eine Mutter auch sehr früh (glaub 3, 5 oder 4 Monate) mit Beikost angefangen ... Vor 2 Wochen war sie mit dem Kind (mittlerweile 5 Monate alt) in der Klinik ... Magenschleimhautentzündung.*«
Quelle: http://www.stillen-und-tragen.de/forum/viewtopic.php?f=176&t=93490 (02.07.2010)

Auch der interkulturelle Vergleich ergibt ein diffuses Bild: Während die Stillquote in traditionell geprägten Kulturen im ersten Lebensjahr der Kinder sehr hoch ist, ist ausschließliches Stillen nicht weit verbreitet. In den meisten Ländern erhalten die Babys bereits mit wenigen Wochen oder schon kurz nach der Geburt zusätzlich gesüßtes Wasser, Tiermilch oder auch schon andere Nahrung. So werden beispielsweise Babys in Malaysia bereits in der ersten Woche mit einem Brei aus gekochten Bananen oder Reis mit Zucker gefüttert. Viele andere asiatische Kulturen verabreichen ebenfalls früh Reis- oder Getreidebrei. Bei den meisten afrikanischen Völkern wird ebenfalls sehr früh (erster bis dritter Monat) zugefüttert, hier hauptsächlich mit aus Getreide und Bananen hergestellten Breis. Diese frühe Zusatzverköstigung mit Getreide und Obst ist auch in Lateinamerika äußerst populär.

Wie bereits erwähnt, handelt es sich bei dieser Hürde um eine gefährliche Doppelhürde: Denn hat die Athletin sich für einen für sie und ihr Kind sich richtig anfühlenden Zeitpunkt zur Einführung von Beikost entschieden – auch auf die Gefahr hin, von anderen Teilnehmerinnen disqualifiziert zu werden –, so steht sie direkt vor der nächsten existenziellen Frage: Gläschen, selbst gemachter Brei oder Fingerfood?

Eine Entscheidung steht an, die jedenfalls wieder gegnerischen Angriffen ausgesetzt sein wird. Denn einerseits lautet die Empfehlung:

»*Mein KiA meinte damals, dass wir auf jeden Fall Gläschen nehmen sollten, weil diese strenger kontrolliert seien und auch ganz sicher weniger Gluten enthielten, also nicht selbst kochen. Selbst kochen sollten wir dann laut KiA mit 8 vollendeten Monaten (ab 9. Monat).*«

Quelle: http://forum.babybutt.de/ern%C3%A4hrung-stillen/162-baby-beikost/ (02.07.2010)

Andererseits:

»*Das [Selbermachen] hat Vorteile, denn in den fertigen Obst-Getreide-Breien etwa stecken häufig sehr viele Obstarten, in manchen auch Zucker (und nicht deklarierte Zusatzstoffe). Es ist aber empfehlenswert, Babys im ersten Lebensjahr möglichst wenig verschiedene Lebensmittel zu geben, um das Allergierisiko gering zu halten. Auch die fertigen Milchbreie für Babys sind oft nicht das Gelbe vom Ei: Sie werden in zig überflüssigen Geschmacksrichtungen wie Vanille, Keks oder Stracciatella angeboten und sind häufig ebenfalls viel zu süß. Deshalb empfehlen Ernährungsexperten, die Breie selbst zuzubereiten.«*

Quelle: http://forum.oekotest.de/cgi-bin/YaBB.pl?num=1183023951/0 (02.07.2010)

Oder gar:

»Stillen, stillen, stillen, hab VERTRAUEN in diese PERFEKTE Nahrung von Mutter Natur. (Nur weil die Gläschenfabrikanten ihren Dreck so früh wie möglich loswerden wollen, müsst ihr diese $^1/_2$-Jahr-Grenze doch nicht glauben!!)

Geh davon aus, dass Schlechtköstler KEINE Ahnung von gesunder Säuglingsnahrung haben, denn wenn sie es hätten, wären sie Urköstler und würden sich selber auch keine Kochkost einverleiben.«

Quelle: http://www.rohkost.org/viewtopic.php?f=7&t=199 (02.07.2010)

Die »Baby-led Weaning«-Bewegung entzieht sich dieser Debatte mittels einer cleveren und sehr zeitsparenden Alternative. Diese Bewegung, die sich für eine vom Baby bestimmte Beikosteinführung einsetzt, empfiehlt, dem Baby Essen in Fingerfood-Form anzubieten, und zwar nahezu alles, was man selber auch isst, nur ungewürzt. Das Baby entscheidet, wann und was es probieren möchte und wie viel davon. Das Kennenlernen und Erfahren von Nahrung steht dabei im Vordergrund. Vertreter dieser Methode betonen den stressfreien Aspekt: kein Breikochen, kein Geschmiere und Geklecker mit dem Löffel. Hinzu kommt die Natürlichkeit, die die Bedürfnisse des Babys berücksichtigt und zudem die geschmackliche, unverdorbene Reinheit der – sozusagen in ihrer Urform – dargebotenen Lebensmittel garantiert.

Wie kann die Athletin diese Doppelhürde am besten nehmen? Vielleicht sollte sie einfach einmal tief durchatmen, beherzt Anlauf nehmen und springen. Und zwar jede so, wie sie es am besten kann und will. In ihrem eigenen Tempo, mit der eigenen Technik und der ihr zur Verfügung stehenden Kraft.

Früher oder später ist das Thema Entwöhnung kein Thema mehr: Das Baby gewöhnt sich daran zu entscheiden, wann es von der Hand in den Mund leben möchte und wann es was von der bereitgestellten Nahrung zu sich nimmt, die ihm vor dem Stillen/Fläschchen angeboten wird. Währenddessen kann sich die Mutter von ihren eigenen Vorstellungen über Ernährung ein Stück weit entwöhnen.

Hat sie die Hürde erfolgreich überwunden, kann sie getrost noch einmal tief durchatmen, diesmal vor Erleichterung, denn die nächste Hürden (Frühförderung? Laufstall? Kindergarten ab wann? Waldorf-Kindergarten? Töpfchen/Sauberkeitserziehung?) werden nicht mehr ganz so zentral und deutlich sichtbar auf öffentlichem Kampfgebiet aufgestellt, sondern sind zunehmend in den Bereich der persönlichen und privaten Entscheidungen verlagert.

Höher, schneller, weiter ...
Zusatzdisziplinen im Überblick

Zusätzlich zu den bereits bekannten und mittlerweile aus dem Effeff beherrschten Teildisziplinen der vorangegangenen Trainingseinheiten wartet die vierte Trainingseinheit mit einigen Zusatzdisziplinen auf. Im Wesentlichen sind es drei Übungsgruppen, deren Ausübung allerdings von Athletin zu Athletin in Häufigkeit und Intensität massiv variieren kann. Es handelt sich um:

- die Partner-Übung
- (Selbst-)Vorwurfs-Übungen, versteckt oder offen
- Wut-Übungen

Die Partner-Übung: »Haben Sie noch Sex – oder schon Kinder?«

Spätestens im Verlauf der vierten Trainingseinheit sollte man damit rechnen, dass sich der Partner verstärkt zu Wort meldet. Hat er in den vorhergehenden Monaten der Athletin eine gewisse Schonfrist zugestanden und geschwiegen, so kommt mit Sicherheit das Thema Zweisamkeit und Sex in den nächsten Wochen irgendwie zur Sprache: entweder einfühlsam und fragend oder vehement und dringlich, aber immer zu Recht. Denn Mann fühlt sich verdrängt und ausgeschlossen aus dieser perfekten Mutter-Kind-Symbiose, dieser vollkommenen Einheit, der sichtbaren Verkörperung von Liebe, Geborgenheit und Hingabe. Ein Kind hat *seinen* Platz eingenommen und er hat Verständnis dafür. Jedenfalls für einige Monate. Aber früher oder später regen sich Trieb-, Minderwertigkeits- und Ausgeschlossenheitsgefühle und erzeugen Rede-, wenn nicht gar Handlungsbedarf. Ein typischer, diese Partner-Übung begleitender Dialog:

Er: »Du Schatz, ich finde, wir sollten mal wieder Essen gehen. Nur wir zwei, so wie früher.«
Sie: »Ja, und was ist mit Felix?«
Er: »Wir nehmen einfach einen Babysitter.« (Oder, wenn das Paar Glück hat und Eltern oder Verwandte in der Nähe wohnen: »Deine Mutter/Schwester könnte den Kleinen doch nehmen.«)
Sie: »Du stellst dir das so einfach vor! Du weißt doch, wie schwierig es ist, Felix abends ins Bett zu bringen. Bei einem Babysitter (Mutter/Schwester) dreht er doch völlig durch.«
Er: »Er wird schon nicht daran sterben.«
Sie: »Natürlich nicht. Aber ich denke, wir sollten noch warten, bis er abends besser einschläft ...«

An dieser Stelle gibt es mehrere Möglichkeiten:

a) Er überzeugt sie und man organisiert einen Babysitter/Mutter/Schwester,
b) er überzeugt sie nicht, organisiert aber trotzdem einen Babysitter/Mutter/Schwester,
c) er hat Verständnis, gibt erst mal auf und wartet.

Im Falle von a) oder b) folgt die Partner-Übung oft einem ähnlichen Muster:

Der Babysitter/Mutter/Schwester kommt und Felix fängt an zu schreien, spätestens wenn er merkt, dass die Eltern aufbrechen. Das erzeugt Stress, hauptsächlich bei der Mutter. Hat er den Babysitter ohne ihr Einverständnis organisiert, mischt sich noch Schuldzuweisung und Schadenfreude (»Hab ich dir doch gleich gesagt!«) unter die angespannte Lage. Falls man trotzdem das Haus verlässt, ist die Stimmung nicht mehr unbedingt vorfreudig und locker. Im Restaurant entspinnt sich folgender Dialog:

Sie: »Meinst du, Felix hat sich wieder beruhigt?«
Er: »Bestimmt. Sonst hätte dein Handy (es liegt deutlich sichtbar auf dem Tisch) doch schon geklingelt. Möchtest du einen Aperitif?«
Sie: »Nee, lass mal. Lass uns lieber bestellen.«
Er: »Sei doch nicht so verspannt. Ich dachte, wir machen uns mal wieder einen schönen Abend, so ganz in Ruhe, nur wir zwei?«
Sie: »Du hast vielleicht die Ruhe weg. Aber ich mache mir halt Gedanken, ob es dem Kleinen gut geht …!«
Er: »Dem geht es gut! Und jetzt geht es mal um uns. Gedanken um ihn kannst du dir ja ab morgen früh wieder machen.«
Sie: »Was soll das denn jetzt heißen?«
Er: »Ich möchte doch einfach nur nett mit *dir* essen gehen. Mit meiner *Frau*, die Mutter bleibt heute Abend ausnahmsweise mal zu Hause und wir sprechen über uns, nicht über Felix.«

Sie: »Du kannst doch jetzt nicht einfach so tun, als ob es ihn nicht gäbe.«

Er: »Das tue ich auch gar nicht. Ich möchte einfach entspannt essen gehen mit der Frau, die ich geheiratet habe, ich möchte mit ihr flirten, ihr verliebte Dinge sagen, mal wieder mit ihr ausgelassen sein, lachen.«

Sie: »Ach, ich bin also nicht ausgelassen, ich lache dir zu wenig, oder was? Hab du mal den ganzen Tag den Kleinen am Hals, da lachst du dich abends mit Sicherheit nicht mehr halbtot, sondern bist müde. Verdammt müde.«

Er: »So hab ich das doch jetzt gar nicht gemeint.«

Sie: »Sondern?«

Er: »Ich vermisse dich. Uns. Du scheinst das gar nicht zu vermissen, oder?«

Sie: »Doch schon, aber es ist im Moment einfach alles sau-anstrengend. Da bin ich abends echt geschafft.«

Er: »Aber es kann doch nicht sein, dass es jetzt immer so weitergeht. Ich komm nach Hause, der Kleine ins Bett und dann liegst du müde auf dem Sofa und schläfst innerhalb der nächsten halben Stunde ein.«

Sie: »Klar, ich mach Tag und Nacht den Kleinen und wenn er dann endlich im Bett liegt, flitze ich ins Badezimmer, dusche mich und ziehe mich sexy an, um dann bei einem perfekten Dinner ausgiebig mit dir zu flirten, zu lachen und zu scherzen.«

Er: »Das wär doch mal was! Und anschließend landen wir im Bett …«

Sie: »Das hätte ich mir ja denken können. Dir geht es wieder nur um Sex …

Ende offen. Entweder das Telefon klingelt und eine überforderte Babysitterin meldet sich, der Streit eskaliert oder man findet einen Weg daraus, um doch noch einen (für beide) schönen Abend zu haben.

Die Partner-Übung basiert hauptsächlich auf Begegnungen mit unterschiedlichen Bedürfnissen und Selbstverständnissen. Das macht sie enorm anstrengend. Ob und wie sie praktiziert wird, beeinflusst maßgeblich die zukünftige Partnerbeziehung, die während dieser Übung auf eine harte Probe gestellt wird. Eindeutige Hilfestellungen gibt es keine, obschon die Nachfrage immens ist. Googelt man »Sex nach Geburt des Kindes« gibt es nahezu eine Million Treffer.

Unter anderem klagen 25 Prozent der Männer darüber, dass die größten partnerschaftlichen Probleme nach der Geburt auf einen Mangel an Sex zurückzuführen seien. Bei den Frauen sind es »nur« rund 17 Prozent. (Dies ergab eine repräsentative Umfrage des Gesundheitsmagazins »Apotheken Umschau« im Jahr 2010, durchgeführt von der GfK Marktforschung Nürnberg bei 141 zusammen lebenden Eltern minderjähriger Kinder von 0 bis 5 Jahren.)

Fakt scheint zu sein, dass sich viele Frauen erschöpft und verausgabt fühlen und das ständige, auch emotional sehr intensive Kümmern um den Nachwuchs den Sinn für Erotik sowie jegliche sexuelle Energie im Keim ersticken. Der Partner, der dies einfordert oder als Bedürfnis artikuliert, wird als egoistisch, triebgesteuert und wenig verständnisvoll empfunden.

Im Gegensatz dazu wollen viele Männer nach mehr

oder weniger längerer sexueller Abstinenz wieder ihre Triebe ausleben, Lust und Selbstbestätigung erfahren und ihre Partnerin wenigstens für diese Momente allein für sich haben.

Zu den wesentlichen Hilfestellungen bei dieser Übung empfiehlt sich in erster Linie Offenheit, und zwar so viel wie möglich, um nicht im Kreislauf der Vorwürfe und Missverständnisse unterzugehen und die Nähe zueinander zu verlieren. Weitere Hilfestellungen müssen die Athletinnen und ihre Partner individuell selbst erarbeiten, einheitliche, allgemeingültige Übungstipps fehlen.

Selbstvorwurfs- und Vorwurfs-Übungen, versteckt und offen

Ein weiterer, anspruchsvoller Übungsbereich ist das weite Feld der Vorwürfe. Hier geht es sowohl um Kritik, die man aus Äußerungen Dritter herauszuhören meint und sich zu eigen macht, als auch um Anklagen, die man völlig selbständig, nahezu grundlos gegen sich selber richtet. Sie haben ihren Ursprung in der Tatsache, dass man nun einige wenige Freiräume hat und nicht mehr gänzlich vom Baby beansprucht wird.

Einige Selbstvorwürfe ergeben sich aus dem Bereich der Partner-Übungen:

- Ich sollte wirklich eine bessere Ehefrau sein (diffus-allgemein).

- Ich sollte mehr auf seine Bedürfnisse eingehen.
- Ich sollte langsam den Haushalt wieder besser im Griff haben.
- Ich sollte wieder mehr Sex wollen.
- Ich sollte wieder mehr auf mein Äußeres achten.

Andere ergeben sich aus dem direkten Umfeld, aus dem Freundes- und Bekanntenkreis:

- Ich sollte mich mal wieder mehr um meine Freunde kümmern.
- Ich sollte mal wieder mit xy ins Kino, etwas trinken etc. gehen.
- Ich sollte mich endlich mal wieder bei xy melden.

Und einige kommen von ganz allein, von innen:

- Ich sollte mal wieder mit Sport anfangen.
- Ich sollte mal wieder die Zeitung/ein Buch lesen.
- Ich sollte mir langsam mal wieder ein Hobby zulegen.
- Ich sollte mich mal wieder intellektuell betätigen.

Gemeinsam ist diesen Ich-sollte-Teufeln, dass sie tückisch und hinterlistig sind und manchmal gänzlich realitätsfern. Und dass sie eine Menge Energie kosten.

Es schadet aber nicht, sich in Teilen mit ihnen auseinanderzusetzen, in erster Linie um herauszufinden, welche Vorwürfe zumindest teilweise zutreffend sind beziehungsweise welche Qualitäten man eventuell wirklich sträflich vernachlässigt hat und man tatsächlich ändern möchte. Oft sind es nämlich Kleinigkeiten, die einen (gefühlt) riesigen Vorwurf entkräften und den inneren Seelenfrieden partiell wieder herstellen. Sei es, dass man sich tatsächlich zu einem lang aufgeschobenen Telefonat durchringt, sei es, dass man sich einmal zurückbesinnt, welche Werte einem früher wichtig waren, als man noch kinderlos war. Denn die meisten Athletinnen weigern sich – zu Recht – zu glauben, dass sich mit der Geburt des Kindes, also mit Beginn der Ironmom, ihr Ego einer kompletten Metamorphose unterzogen hat und nichts mehr von all dem übrig ist, was einem früher als Person wichtig war.

Wut-Übungen: OOOOUUUUÄÄÄÄHHHH!!

Die Wut-Übungen finden ab einem gewissen Zeitpunkt sehr häufig statt. Sie sind vom Ablauf und von der Durchführung her recht unaufwändig und einfach. Sie kommen immer dann auf den Übungsplan, wenn sich die Fähigkeiten des Kindes langsamer als sein Anspruch entwickeln. Denn ein Baby, das etwas erreichen will, aber nicht kann, reagiert mit Wut. Bei vielen Kleinkindern eilt die Willens- der Bewegungsentwicklung deutlich voraus; das Resultat ist meist ein ohrenbetäubendes Wutgeschrei. Damit umzugehen will gelernt sein. Beherrschen die meisten Athletinnen bis hierhin die prompte und perfekte Bedürfnisbefriedigung (Hunger, Wickeln, Müde), die für sich genommen schon anstrengend genug ist, kommt nun diese neue Komponente dazu: Baby sieht etwas und will es haben, kommt allein aber nicht dran.

Das passiert ab einem gewissen Zeitpunkt und abhängig vom Naturell des Nachwuchses etwa 20- bis 50-mal am Tag. Die Athletin steht nun vor der Entscheidung, entweder aktiv darauf zu reagieren und das Objekt der Begierde umgehend zu beschaffen (höherer Kalorienverbrauch), immer vor dem – zusätzlich quälenden – theoretischen Hintergrund, das Kind zu einer sofortigen Bedürfnisbefriedigung zu erziehen, sprich: es eventuell zu verwöhnen. Oder die Sportlerin wählt, eher passiv mit dem Phänomen umzugehen und nicht alles sofort anzureichen (niedrigerer Kalorienverbrauch), absichtlich nicht jeden Wunsch sofort zu erfüllen, um das Kind so eventuell zu mehr Eigeninitiative zu ermutigen und dadurch auch die Entwicklung seiner mobilen Fähigkeiten zu unterstützen.

Motivation: Das Leben ist schön

Viele Athletinnen fühlen sich in der vierten Trainingseinheit nicht mehr ganz so erschöpft. Auch »bekommen sie zunehmend mehr zurück«: Das Baby lächelt nicht mehr nur zufrieden, wenn es glücklich ist, sondern lacht mittlerweile auf verschiedene Arten: Es gluckst und gurgelt vor Zufriedenheit, strahlt vor Glück und gelegentlich erfassen veritable Lachanfälle das gesamte Kind. Das Baby gibt lustige Laute von sich gibt. Es jauchzt vor Freude über den neuen Tag und den Goldfisch hinter Glas. Sein ganzer Körper kann Freude sein, mit rudernden Ärmchen, strampelnden Beinchen und leuchtenden Augen. Es kann komplett überwältigt sein, ja durchdrungen von großen Gefühlen: Freude, genauso wie Wut. Das Baby gerät vor Entzücken völlig aus der Fassung beim Anblick von Personen, die es liebt und die es seit zehn Minuten nicht mehr gesehen hat. Oder es verliert die Fassung vor Wut, weil ihm ein Klötzchen immer wieder aus der kleinen Hand plumpst oder der kleine Kuschelhund nicht durch den schmalen Schlitz passen will. Dieses Baby kann einen fast schon neidisch machen, weil es so unglaublich begeisterungsfähig ist. Über nichts und über alles. Seine Welt ist so klein und gleichzeitig so groß. Vor Staunen über die Toilettenspülung vergisst es alles um sich herum. Mit großen Augen und völliger Konzentration untersucht es ein kleines Stück Papier. Oder es versucht Sonnenstrahlen anzufassen. Es begrüßt jubelnd jeden Hund auf der Straße. Der Geschmack einer Rassel interessiert ebenso, wie der eines Schlüsselbundes oder eines Apfels. Das Baby entwickelt sich prächtig – und lässt einen gespannt sein auf alles, was noch kommt. Als Ironmom darf man live bei dieser groß- und einzigartigen Entwicklung dabei sein.

Regeneration: Vorkindliche Gedankenspiele oder unbeschreiblich weiblich

Den Zuwachs an Freiräumen, den diese Trainingseinheit bietet, sollte man zur Regeneration nutzen. Den nun anstehenden anstrengenden Zusatzübungen sollte man so wenig erschöpft wie möglich entgegentreten. Athletinnen, denen die Partner-Übung sehr viel Kraft und/oder ein Übermaß an Zeit raubt, sei eine recht einfache, aber effektive Regenerationsübung empfohlen: das vorkindliche Gedankenspiel. Idealerweise tut man dies in einer ruhigen Minute. Man lässt den Gedanken freien Lauf. Zuerst geht es in Richtung Vergangenheit: Wer war ich vor der Geburt? Was hat mir Spaß gemacht? Was fand ich an mir schön/begehrenswert?

Anschließend können die Gedanken in Richtung Partnerschaft fließen: schöne Momente vor der Geburt? Was hat unsere Partnerschaft ausgezeichnet? Was gefiel mir besonders an meinem Partner? Worüber haben wir gelacht? Was hat uns Freude gemacht? Was fand ich an meinem Partner begehrenswert?

Zum Schluss sollten die Gedanken auf die Gegenwart und die mögliche Gedankenwelt des Partners gerichtet werden: Was ist für mich jetzt anders? Was vermisse ich? Was macht mich zur Zeit glücklich/unglücklich? Und: Was ist für ihn jetzt anders? Wie könnte er sich fühlen? Was könnte er vermissen? Was macht ihn zurzeit glücklich/unglücklich?

Das vorkindliche Gedankenspiel kann beliebig oft wiederholt werden. Ziel ist es, möglichst viele Gedankenbilder zu evozieren und positive Vorstellungen wiederzubeleben, Wichtiges von Unwichtigem zu trennen und dem Wesentlichem weiten Raum zu geben, damit es sich herauskristallisieren kann. Auf diese Weise bekommt man wieder ein Gespür dafür, dass die Ironmom nicht nur Extremsportlerin ist, sondern eine Frau mit vielen spannenden Bedürfnissen und Facetten. Eine Frau, die keinen Grund hat, sich hinter ihrem Muttersein zu verstecken, sondern diese Vielfalt zulassen und im Idealfall mit dem Partner teilen kann – in guten wie in schlechten Zeiten.

Die fünfte Trainingseinheit

》*Let me entertain you*《
Robbie Williams, 1997

Trainieren ohne Sinn und Verstand?

Die meisten Profisportler nutzen zusätzlich zum Basistraining weitere Fitnessgeräte, um ihre Leistungen zu verbessern, ihre Kondition zu steigern, Muskeln aufzubauen oder Fett zu verbrennen. Die Bandbreite reicht von archaisch anmutenden Sportgeräten wie Springseil und Hanteln über periodisch wechselnde Trendsetter wie Heimtrainer oder Side-Stepper bis hin zu teurem Profiequipment in Form von Crosstrainer, Power Racks, Home Gyms und Konsorten. Hier bestimmen die persönlichen Vorlieben und der finanzielle Spielraum des Sportlers die Wahl des geeigneten Trainingsgeräts, mit dem berechenbare, festgelegte Bewegungsabläufe trainiert werden können, um so das gewünschte Ziel zu erreichen.

Nicht so bei der Ironmom. Denn sie hat nicht die Wahl, ihr Training kreist um Kind und Zubehör. Ihr Trainingsgerät ist das mobiler werdende Kind. Es zeichnet sich durch massive Unberechenbarkeit aus: Hatte es in den zurückliegenden Trainingseinheiten noch seinen festen Platz, von dem es sich alleine nicht oder kaum wegbewegen konnte, so beginnt es spätestens in dieser Trainingseinheit zu rollen, zu robben, zu krabbeln oder gar zu laufen. Dieser

Umstand verlangt der Athletin ganz neue Bewegungsabläufe ab. Bestand ein wesentlicher Teil des Trainings zuvor daraus, dem Baby einen Ortswechsel zu ermöglichen, so verlagert sich der Trainingsschwerpunkt nun darauf, permanente, rasche, extrem spontane und maßgeblich unberechenbare Ortswechsel zu antizipieren, zu begleiten und – gegebenenfalls – das Schlimmste zu verhindern.

Die Erledigung der seit Kurzem ja recht effizient bewältigbaren Tätigkeiten im Haushalt wird davon ebenso beeinflusst wie einfache Akte der Körperpflege, selbst der ungestörte Gang aufs stille Örtchen ist nicht mehr möglich.

Sei es, dass der Nachwuchs, während man gerade den Tisch deckt, sich blitzschnell auf den geöffneten Schrank zu bewegt und beginnt, diesen neugierig auszuräumen. Sei es, dass er, während man gerade unter der Dusche steht, eine nicht ganz fest verschlossene Schampoo-Flasche öffnet und sie in Richtung Mund führt. Sei es, dass er, während man gerade versucht, telefonisch einen Kinderarzttermin zu machen und nach langer Warteschleife nun endlich die Arzthelferin persönlich in der Leitung hat, die halb ausgefüllte Steuererklärung, die man dummerweise auf dem Tisch liegenlassen hat, entdeckt, die Blätter einzeln vom Tisch zieht, um sie auf ihren Geschmack zu prüfen. Man ist nun quasi immer auf dem Sprung.

Viele Athletinnen berichten, dass in dieser Phase das Wort »abwägen« eine neue Bedeutung bekommt. Meint es in seinem eigentlichen Sinne eine sorgsame Prüfung, einen sorgfältigen Akt des Überlegens, so gibt es nun nur noch blitzartig gefällte »Was ist das schlimmere Übel?«-Entscheidungen. Innerhalb von Sekundenbruchteilen wird »abgewägt«, ob man nun den Tisch zu Ende deckt und hinterher den Schrank wieder einräumt, oder ob man erst den Nachwuchs mit etwas Spielzeug ablenkt, in der Hoffnung, dass man anschließend den Tisch in Ruhe (haha!) fertig decken kann.

Diese Form des Trainings ist äußerst anstrengend, denn neben den permanent auszuführenden Sprints zu eventuell noch ungesicherten Steckdosen, der alphabetisch sortierten CD-Sammlung oder dem interessanten braunen Inhalt des Blumenkübels kommt noch die »Was fällt ihm/ihr als nächstes ein?«-Überlegung mit anschließenden völlig überflüssigen Sprints, die den Athletinnen oft genug den kalten Schweiß auf die Stirn treiben.

Plötzlich ist die gesamte Wohnung eine einzige Trainingsstätte, viele Übungen tauchen ganz überraschend auf, an Orten, an denen man bisher überhaupt nicht mit ihnen gerechnet hat. Übungsgeräte erscheinen aus dem Nichts, aus einem stinknormalen Bücherregal wird im Handumdrehen eine Bück-dich-heb-auf-bück-dich-Übung. Während man diese schnell hinter sich bringen will, kommt aus dem Nebenzimmer mit lautem Poltern schon den Startschuss für die nächste Übung. Ein heißer Backofen wird plötzlich Anlass für eine Baby-Sprint und Baby-Lift-Aktion. Das Fitness-Studio-Ambiente wird überdies noch durch die Tatsache unterstrichen, dass plötzlich überall neue Trainingsstationen wie Pilze aus dem Boden sprießen. Die zerrissene und überall verteilte Zeitung verlangt nach Knie- oder Rumpfbeugen, der umgekippte Papierkorb gemahnt eine ähnliche Übung, ebenso die nicht fertig aufgehängte und deshalb inzwischen auf dem Fußboden ausgelegte Wäsche. Die Neukonfiguration des Festnetz-

Telefons erinnert an noch zu erledigende geistig-technische Herausforderungen, und die Tatsache, dass die Knöpfe des DVD-Spielers frei zugänglich sind, verlangt eine kreativ-gestalterische Lösung. Kommt abends noch die vorwurfsvolle Bemerkung des von der Arbeit heimkehrenden Ehemannes »Hier sieht's ja aus wie auf einer Baustelle!« dazu, so reagieren viele Athletinnen mit Übersäuerung. Zu Recht.

Auch im Outdoor-Bereich ergeben sich ganz neue sportliche Betätigungsfelder. Saß man vor zwei Monaten noch entspannt in Rahmen einer Verschnaufpause auf einer Decke im Park, während das Baby verzückt die durchs Laub scheinenden Sonnenstrahlen betrachtete, macht man nun Hechtsprünge, um den Nachwuchs vor einem Hundehaufen-Touch-down zu bewahren. Bei dem Versuch, auf einer stark befahrenen Kreuzung das vor Wut schreiende und sich windende Kind irgendwie im Kinderwagen festzuhalten, wird der gesamte Oberkörper trainiert. Die Auszeit bei einem Latte Macchiato im Straßencafé entfällt, weil Kleinchen entweder bei wütenden Kletterversuchen fast aus dem Buggy fällt oder auf dem Boden liegende Zigarettenkippen einer eingehenden Untersuchung unterzieht.

Hatte man in den vorhergehenden Trainingseinheiten relative Entscheidungsfreiheit, ob, wann und wie man auf kindliches Verhalten reagiert, so ist diese nun dahin: Die Athletin muss sofort reagieren. Um des Kindes willen, denn das mobile Kind ist stets blitzschnell bei der Sache – der Steckdose, Wendeltreppe, Backofenklappe. Auch der Umstand, dass es alles will, aber kaum was kann, spielt eine wesentliche Rolle.

So ist diese Trainingseinheit eine erneute körperliche Herausforderung, die wiederum Höchstleistungen abverlangt, auf die man natürlich auch nicht vorbereitet war. Viele Athletinnen fühlen sich gehetzt, haben dass Gefühl, nicht mehr hinterherzukommen, wissen (noch) nicht, dass das ganz normal ist. Woher auch? Denn das Neue an dieser Trainingseinheit ist, dass sie durch rasant zunehmendes Tempo bei maximaler Unberechenbarkeit gekennzeichnet ist. Und das pausenlos und monatelang. Es ist daher völlig normal, dass viele Athletinnen abends völlig abgekämpft und apathisch bei einem Glas Rotwein auf der Couch sitzen und dort einschlafen oder spätestens gegen 21 Uhr im Bett verschwinden.

Trainingstagebuch:
Ich werde das Kind schon schaukeln

Von Lisa mit Jona, 11 Monate

Wieder ein Nachmittag auf dem Spielplatz. Mal wieder. Nicht, dass ich dort so gerne wäre, aber mich fragt ja keiner. Andere scheinen gerne hier zu sein, man hat sich verabredet. »Guck mal, Leon, da kommt DIEZoe mit der Martina.« »Hallo Sandra, (heruntergebeugt) hallo Leon. DIEZoe hat dir deinen Lastwagen wieder mitgebracht.«
Die Kinder stehen voreinander, Zoe rückt aber den kleinen Plastik-LKW nicht raus. Leon hat ihn gesehen

und reißt ihn ihr aus der Hand. Zoe beginnt zu schreien. Sandra (Leons Mama) beugt sich hinunter, nimmt Leon den Lastwagen aus der Hand. Leon beginnt zu schreien.

»Schau mal Leon, das ist zwar dein Laster, aber man reißt ihn DERZoe nicht einfach so aus der Hand. Deshalb packt DIEMama ihn jetzt erst mal weg.«

Der Laster ist weg, beide Kinder schreien, die Mütter blicken sich kopfschüttelnd und mit leicht verdrehten Augen an. Jede schnappt sich ihr Kind. Man geht zur Rutsche.

»Guck mal, Leon, willst du nicht mit DERZoe rutschen?« Es funktioniert. Die Szenerie beruhigt sich. Die Mütter packen nun das in liebevoller Kleinarbeit vorbereitete Essen aus. Zahllose kleine Dosen werden auf Bänken oder mitgebrachten Decken ausgebreitet. Es gibt abwechslungsreiche Vollwertkost: Gemüsesticks, Obst in Schnitzen, Rübli-Kuchen, Dinkelkekse und natürlich Reiswaffeln, die von nun an permanent feilgeboten werden.

»Leon, möchtest du ein Stück Apfel. Den hat DIEMama extra für dich mitgebracht. Komm her, und gib DERZoe auch was ab.« »Zoe, DIEMama hat hier auch noch Kekse für dich. Frag DENLeon, ob er auch einen will. Ach, guck mal, da kommt ja DERTorben mit DERMama. Hallo Petra! Will DERTorben auch einen Keks?«

Torben hat anscheinend keinen Hunger, dafür aber den Lastwagen entdeckt, der durch das Auspacken

> der Lebensmittel halb aus einer Tasche guckt. Er schnappt sich den LKW. Leon hat's gesehen und reißt Torben den LKW aus der Hand. Torben brüllt. Sandra (Leons Mama) beugt sich hinunter … siehe oben … Parallel zieht Torbens Mutter einen Baumwollbeutel aus dem Kinderwagen und breitet seinen Inhalt hektisch vor Torben aus. »Schau mal, Torben, was DIEMama hier hat. Deine Buddelsachen.« Es kehrt wieder Ruhe ein, die Kinder spielen, die Mütter unterhalten sich über eine Erzieherin der gemeinsamen Krabbelgruppe.
> Ich stehe nach wie vor an der Schaukel, habe aber nach 60 Minuten Anschwung geben keine Lust mehr. Ich hebe Jona von der Schaukel und flüstere ihm zu: »Komm, Jona, wir müssen nach Hause. DERPapa kommt gleich.«

Der neue Szene-Treff: Spielplätze

»Ich habe mich nie gefragt, ob es vielleicht nicht normal ist, dass ich keine Lust habe, 24 Stunden am Tag ausschließlich mit einem kleinen Baby zu verbringen. Es gibt sicherlich Frauen, die das schön finden, ich gehöre nicht dazu. Und ich kann Ihnen sagen, ich habe in all diesen Jahren viele Mütter beobachtet, im Jardin du Luxembourg, hier, gleich unter meinem Fenster. Stun-

denlang habe ich mir die leeren Gesichter mit diesem Gott-kotzt-mich-das-alles-an-Ausdruck angeschaut. Die Frauen saßen am Rand der Sandkiste, schauten gelangweilt nach rechts und links, die Kinder spielten allein im Sand. Warum können Frauen nicht zugeben, dass es unerträglich sein kann, einen ganzen Tag mit einem kleinen Kind zu verbringen? Deshalb ist man doch nicht gleich eine schlechte Mutter.«

So sprach die französische Philosophin und Soziologin Elisabeth Badinter im Interview mit *Der Spiegel* (Nr. 34, 2010) aus, was sicher viele Mütter empfinden. Aber dennoch: Je mobiler das Kind wird, desto öfter zieht es die Athletinnen in den Outdoor-Bereich.

Einerseits, weil das Indoor-Areal zu viel Verwüstungspotenzial bietet, was im Outdoor-Bereich keine Rolle spielt, und andererseits, weil das Raus-an-die-frische-Luft-Postulat nichts von seiner Aktualität eingebüßt hat. Insgeheim hofft man natürlich, dass die frische Luft nicht nur der Gesundheit des Nachwuchses dient, sondern ihn auch ordentlich müde macht. So rückt der Spielplatz zunehmend auf Platz 1 der möglichen Orte für Outdoor-Aktivitäten. Interessanterweise ist dies nicht nur bei Müttern so, die in der Stadt wohnen, sondern auch bei Müttern auf dem Land. Auch hier wird der dorfeigene Spielplatz dem Aufenthalt in freier Wildbahn (Wiese/Wald) vorgezogen.

Da sitzt man nun, entweder auf Bänken, Wippen oder gleich im Sand, die obligatorischen Buddelsachen um sich herum ausgebreitet, und bietet dem Nachwuchs nacheinander Schäufelchen, Sieb, Förmchen oder Eimer an. Dieser aber interessiert sich mehr für die anderen Kinder beziehungsweise deren Spielzeug. Um möglichen Eigentumskämpfen vorzubeugen, beginnt man, wie wild zu graben: »Schau mal, Mausi, Mama buddelt hier ein Loch.« Man füllt Sand in Förmchen: »Schau mal, Mausi, Mama backt dir einen Kuchen.« Oder schaufelt selbigen in den mitgebrachten Eimer: »Schau mal, sollen wir den Sand hier hinein tun?«

Hat man Glück, bekundet Kleinchen für einige Minuten sein Interesse, um sich dann wieder anderen Dingen beziehungsweise Kindern und deren Spielzeug zuzuwenden. Je nach Grad der Mobilität entweder noch in Zeitlupentempo oder blitzschnell. Die Athletin ist daher auf Zack, abruptes Aufspringen ist allerdings in den meisten Fällen völlig überflüssig, verbraucht aber Kalorien, was auch nicht verkehrt ist.

Denn das Spielzeug der anderen wird in diesem Alter meist ohne Murren und selbstverständlich geteilt, das Interesse an anderen Kindern ist völlig natürlich und ein Finger im Auge führt selten zu einer schwerwiegenden Verletzung. Lediglich einige Geräte stellen eine ernstzunehmende Gefahrenquelle dar, bei der promptes Reagieren, Aufspringen und Hinrennen, hässliche Folgen erspart: Kind rennt zu Schaukel, auf der geschaukelt wird. Kind klettert die sehr steile Treppe einer hohen Rutsche hoch. Kind nähert sich unter Freudenschreien dem wild drehenden Karussell.

Meist verläuft die Outdoor-Aktivität auf dem Spielplatz aber ohne nennenswerte Vorkommnisse und nach einem relativ vorhersehbaren Schema.

Das kann dazu führen, dass einige Athletinnen diese Aktivität als recht eintönig, wenn nicht gar langweilig empfinden, sich aber aus Mangel an Alternativen damit abfinden müssen. Dabei gibt es durchaus Möglichkeiten für die Athletin, auf ihre Kosten zu kommen:

- Andere Mütter beobachten und innerlich lästern: »Das geht ja gaaar nicht, wie die ihr Kind bemuttert/ignoriert/anmotzt/verhätschelt/mit Süssigkeiten vollstopft/mit Reiswaffeln malträtiert/mit Spielzeug verwöhnt ...«
- Andere Mütter beobachten und feststellen, dass einem die Mutter bei der Rutsche sehr sympathisch erscheint, sie ansprechen, womöglich ein interessantes Gespräch führen und sich vielleicht für den nächsten Tag wieder verabreden und sich darauf freuen.
- Die Zeit nutzen, um Freunde anzurufen und ausgiebig zu quatschen; denn meist reicht eine Hand, um den Nachwuchs von der Schaukel/dem Karrussel/der Wippe/der Rutsche wegzubewegen.
- Gehirnjogging betreiben: Intelligenztrainer auf dem Handy, Vokabeln lernen, Lernkarten, IQ-Tests etc.
- Kreativ tätig sein: stricken, malen, zeichnen, Ideen/Entwürfe sammeln.
- Etwas lesen. Hier bietet sich eher leichte Lektüre (Frauenzeitschrift etc.) an, da man ab und an doch ein Auge auf sein Kind werfen muss.

All diese Aktivitäten haben den Vorteil, Langeweilekiller zu sein. Und sie bieten noch ein weiteres Plus: Man hat etwas zu erzählen (dem Partner oder Freunden), was über die Schilderung vom zwanzigsten gemeinsam gebackenen Förmchenkuchen hinausgeht. Etwaige Zweifel, ob die aufgeführten Aktivitäten auf Kosten der gemeinsamen

Quality-time ausgeübt werden, kann man getrost ignorieren. Denn wenn man sein Kind aufmerksam beobachtet, wird man schnell feststellen, dass der Spielplatz beziehungsweise andere Kinder vollständig ausreichen, um das Interesse des Kindes zu 100 Prozent zu fesseln und seine volle Aufmerksamkeit zu beanspruchen. Und wer der eigenen Beobachtungsgabe misstraut, mag sich vielleicht von den Erkenntnissen eines Spielplatzexperten beruhigen lassen. Günter Beltzig bezog im Interview in *Nido* (6/2010) zu der Frage »Aber die Eltern müssen schon auf dem Spielplatz dabei sein, oder?« eindeutig Stellung:

»In Rufweite – bei kleinen Kindern. Aber tatsächlich plädiere ich für unbeaufsichtigtes Spielen. Ich möchte es schaffen, dass ein Kind auf dem Spielplatz so sein kann, wie es ist, ohne dass jemand daneben steht. Was ist denn Spielen? Zweckfreies neugieriges Suchen und Entdecken, experimentieren, an die Grenzen gehen. Dafür braucht man Freiheit, Raum und vielleicht Mitspieler. Aber man braucht bestimmt keine Mutter, die mit im Sandkasten sitzt und dann die tolleren Kuchen formt. Und auch keinen Vater, der am Klettergerüst steht und ruft: ›Jetzt trau dich doch!‹ Es ist kein Zufall, dass die meisten Unfälle im Beisein des Vaters passieren.«

Und auf die Nachfrage »Mama und Papa also möglichst weit weg?« lautete seine Empfehlung:

»Ja, bitte. Schnappen Sie sich eine Zeitung, setzen Sie sich auf die Bank. Und greifen Sie nicht andauernd ein.«

Die fünfte Ideologische Hürde: »Betreust du dein Kind noch oder arbeitest du schon?«

Wurde im letzten Kapitel behauptet, die Hürden werden flacher, so wird doch bei dieser die Latte noch einmal richtig hoch gehängt. So harmlos die Frage »Betreust du dein Kind noch oder arbeitest du schon?« auf den ersten Blick erscheint, so führt sie doch kriegslüstern wieder einmal zur Kernfrage, um die sich letztendlich alles dreht: Was ist eine gute Mutter? Bin ich eine gute Mutter?

Wie man in den vorhergehenden Trainingseinheiten gesehen hat, wird um diese Frage bereits vorgeburtlich wild gestritten, die Art und Weise der Geburt liefert weitere Gefechtsargumente und die Stillfrage wartet mit zusätzlicher Munition auf (siehe ideologische Hürden eins bis vier). Und jetzt betritt die Athletin, stark geschwächt und übel gezeichnet, den Schauplatz einer der letzen großen Schlachten. Jetzt geht es um das mögliche Betreuungsszenario für den kleinen Erdenbürger:

Wird das Kind fremdbetreut? Wenn ja, ab wann, wie lange und durch wen?

Zwei Lager stehen sich gegenüber, feindlich gesonnen und ausgestattet mit unversöhnlichen Haltungen. Jedes Lager wetzt seine Argumente, jederzeit bereit, die geladenen Kanonen gleich gegen den Gegner in Stellung zu bringen.

Auf der einen Seite: die Verfechterinnen der allumfassenden, lebenswichtigen, wohltuenden Mutterliebe. Ihre Devise: Davon kann man nicht genug geben (und haben). Ihre Argumentationsbasis: biologisch-naturverbunden.

Auf der anderen Seite: Die »moderne« Frau, die Kind und Karriere unter einen Hut bringen will. Ihre Devise: Ich will mich doch nicht komplett aufgeben und NUR noch Mutter sein. Ihre Argumentationsbasis: interkulturell-emanzipatorisch.

Eine dritte Partei wird bei dieser Hürde weitestgehend ignoriert, da ihr der Zutritt zum Schlachtfeld von vorneherein verwehrt wurde: Die Mütter, die arbeiten müssen, um ihre Familie finanziell über die Runden zu bringen. Ihre Devise: Es geht nun mal nicht anders. Ihre Argumentationsgrundlage: kapitalistisch-pragmatisch. Aber das will sowieso keine der beiden anderen Parteien hören.

Bevor man nun selber in diese Schlacht zieht, bei der jede Seite schon in der Aufwärmphase versucht, die jeweils andere systematisch zu demoralisieren, dann zu unterwerfen, um als moralisch überlegener Sieger vom Platz zu gehen, lohnt es sich, die unterschiedlichen sich unversöhnlich gegenüberstehenden Haltungen einmal genauer unter die Lupe zu nehmen. Derart vorbereitet bietet sich der Athletin nämlich die Möglichkeit, die zugrunde liegende Radikalität ein wenig zu relativieren und die Arena bereits vorab kampflos, aber dennoch hocherhobenen Hauptes zu verlassen.

Beide Lager streiten sich um die Definition von Mutterliebe. Was ist Mutterliebe und welche Qualität, Quantität und Intensität ist die natürliche/gesunde/richtige? Streiterinnen der biologisch-natürlichen Seite beziehen sich bei ihren Antworten auf diese Fragen hauptsächlich auf biologische Gegebenheiten: Frauen haben Brüste, es gibt einen Mutterinstinkt. Außerdem ziehen sie die Geschichte heran: Frauen sind seit Urzeiten für das Wohl der Familie und die Aufzucht der Kinder zuständig. Und sie argumentieren mit dem »natürlichen« Verhalten artverwandter Säugetiere und ausgewählter Naturvölker.

Die biologisch-natürliche Grundlage dieser Haltung macht sie bestechend »richtig«, denn ein Abweichen davon, ein anderes Verhalten wäre ja wider die Natur – also unnatürlich und damit falsch, verwerflich und krank.

Mutterliebe wird auf diese Weise als universeller Wert definiert, als eine Art Instinkt, der unabhängig von Raum und Zeit in der Natur der Frau verankert, ihre Bestimmung und Aufgabe ist.

Dagegen ist nichts zu sagen. Oder doch?

Mitte des 20. Jahrhunderts tauchten erste Zweifel auf, als Simone de Beauvoir im Zuge ihrer emanzipatorisch ausgerichteten Philosophie den Mutterinstinkt infrage stellte und ihn als patriarchales Konstrukt, gar Machtinstrument entlarvte, mit dem Ziel und Zweck, Frauen zu unterdrücken, ans Haus zu ketten und abhängig zu halten vom Ehemann.

Simone de Beauvoirs Provokation fand Gehör und setzte eine Reihe von Untersuchungen in Gang, in denen sich Soziologen, Philosophen und Wissenschaftler mit dem Phänomen beschäftigten. Die bis dahin postulierte »natürliche Mutterliebe« wurde infrage gestellt und als ein fragiler, ideologisch aufgeladener Mythos entlarvt, der keinesfalls über alle Zeiten und Gegebenheiten hinweg Gültigkeit beanspruchen kann.

Die mittlerweile weithin anerkannte Erkenntnis, dass Mutterliebe kein automatisch einsetzendes Gefühl und kein universeller Wert an sich ist, kann für Athletinnen äußerst befreiend wirken. Denn auf diese Weise bekommen andere Komponenten wie persönliche Erfahrung, subjektives Empfinden, pflichtbewusste Eigenverantwortung und das eigene Leben einen viel bedeutenderen Stellenwert. So entsteht eine neue Definition von Mutterliebe, die es erlaubt, die Frage nach Quantität, Qualität und Intensität aus der eigenen Sicht zu beantworten. Mutterliebe wird zu einer höchst persönlichen Angelegenheit, die hinsichtlich ihrer Quantität, Qualität und Intensität ebenfalls subjektiv ist und sich damit weitestgehend einer allgemeingültigen und objektiven Beurteilung entzieht.

So kann jede Athletin stolz und ohne Schuldbewusstsein den für sie richtigen Weg wählen, eine gute Mutter zu sein.

Vielleicht ist die Betreuungsfrage aber auch viel einfacher zu beantworten: legt man fernab jedweder Ideologie die weit verbreitete Annahme zugrunde, dass ein Kind nur glücklich sein kann, wenn die Mutter es auch ist, ergibt sich diese einfache Formel: Ist die Mutter glücklich, wenn sie Mutter ist, betreut sie ihr Kind selbst. Braucht die Mutter zu ihrem persönlichen Glück auch ihre Arbeit, wird sie das Kind in dieser Zeit betreuen lassen. Ohne in dieser Zeit eine schlechte Mutter zu sein.

Was ist dann aber mit allen Müttern, die die Betreuungsfrage nicht freiwillig beantworten? Die arbeiten müssen, weil sie alleinerziehend sind oder weil der Partner allein nicht genug verdient? Alles Rabenmütter? Sicher nicht, denn sonst hätten Sie sich wohl kaum zur Ironmom gemeldet! Hier winken Zusatzpunkte!

Schlachtfeld Rollenverteilung

Trainingstagebuch: Alltägliches Vielerlei

Sascha mit Svenja, 11 Monate

6 Uhr morgens, die Kleine schreit. Schlaftrunken wälze ich mich aus dem Bett und taste nach meinem Bademantel. Als ich ihr Zimmer betrete, steht sie aufrecht im Gitterbettchen und strahlt mich an. Die pure Lebensfreude, welche Wonne. Aber definitiv zu früh. Ich will mich ja gar nicht beschweren, klar, bin ich froh, dass sie durchschläft, und das schon seit fünf Monaten. Aber seither wird sie auch zwischen halb sechs und sechs wach. Jeden Tag, nicht nur montags bis freitags. Wach werden bedeutet bei ihr: Sie ist wach, hellwach. Strahlt mich an mit ihren großen blauen Augen, mich, deren Augen verquollen und schlafverklebt sind, und will ihre Milch. Raus aus dem Bett, raus aus dem Schlafsack, mit den Bauklötzen, dem Teddy, den Puppen, dem Ball, dem Bobbycar, dem Plappertelefon, dem Puppenhaus, dem Puppenwagen, der Rollbahn, der Stapelpyramide, dem Blechkreisel und den Bilderbüchern spielen. Ich nehme sie hoch, ihr Schlafanzug ist nass, verdammte Windel, und lege sie auf den Wickeltisch. Das will sie nicht. Sie beginnt zu schreien. Laut und durchdringend, strampelt wutentbrannt mit Armen und Beinen, so dass dieser erste Windel-

wechsel des Tages mir den ersten Schweiß auf die Stirn treibt. »Was ist denn hier los?« Luc steht in der Tür und reibt sich die Augen, verschwindet im Bad und dann noch für kurze Zeit im Bett, bevor er beginnt, sich für die Arbeit fertig zu machen. Während er sich ausgiebig duscht, ziehe ich das schreiende und sich windende Kind an und gebe ihm sein Milchfläschchen. Während es zufrieden schmatzend den Inhalt verputzt, räume ich ein wenig das herumliegende Spielzeug zur Seite und warte, dass das Bad frei wird. Als dies nach gut 30 Minuten der Fall ist, schlüpfe ich ebenfalls schnell hinein. Im selben Moment ertönt lautes Gebrüll aus dem Kinderzimmer. »Darum kann er sich jetzt mal kümmern«, denke ich und will schnell unter die Dusche springen. Tut er aber nicht. Also wieder ungeduscht den Tag beginnen. Während ich mich um Svenja kümmere, taucht Luc auf, den Blick gebannt auf sein iPhone gerichtet und gibt mir einen Kuss: »Tschüss, Schatz, bis heute Abend!« Weg ist er. Ich nehme Svenja mit ins Schlafzimmer und ziehe mich an, schnell und irgendetwas. Ein hastiger Kaffee, während ich Svenjas Frühstücksbrot schmiere, die sich ihrerseits derweil mit unserer Zahnpasta eingeschmiert hat. Erneutes Umziehen, erneutes Geschrei. Es ist halb neun, bevor wir endlich wegkommen; kurz darauf gebe ich ein schreiendes Kind im Kindergarten ab. Dann haste ich weiter, zur Arbeit, von der ich um halb vier wieder in Richtung Kita haste. Und von dort zum Supermarkt, die Gedanken beim

»Was können wir heute abend nur essen«, die Hände beim im Einkaufswagen vor Wut zappelnden Kind. Zurück zuhause Einkäufe einräumen und Wäsche aus der Waschmaschine nehmen, Kind beruhigen, beginnen, Wäsche aufzuhängen, Puppe ausziehen, weitere Wäsche aufhängen, Puppe wieder anziehen, letzte Wäschestücke aufhängen, andere Puppe anziehen, das Frühstückschaos beseitigen, Ball unterm Sofa hervorholen, weiter aufräumen, zwischendurch immer wieder den Ball holen, Geschirrspüler ausräumen, die umgeworfene Vase aufheben und das Wasser aufwischen, Kind beruhigen, weiter den Geschirrspüler ausräumen, schmutziges Frühstücksgeschirr einräumen, Playmobil-Männchen aus Auto befreien, Zwiebel schälen, Playmobil-Männchen wieder ins Auto setzen, Gemüse waschen und klein schneiden, nach der Ursache für den lauten Knall im Kinderzimmer schauen, Kind unter umgekipptem Stuhl hervorholen und trösten, weiter Gemüse schneiden, dem Kind einen Topf hinstellen und etwas Gemüse geben, Wasser zum Kochen aufsetzen, dem Kind einen Stuhl ans Waschbecken stellen und ihm auch einen kleinen Topf geben, die Gemüseschweinerei auf dem Boden beseitigen, Fleisch würzen und anbraten, das mittlerweile pitschnasse Kind unter lautem Protestgebrüll vom Waschbecken entfernen, Kind, Waschbecken und Umgebung wieder trocken machen, Reis in das kochende Wasser geben, Tisch decken, aufpassen, dass das Kind den Tisch nicht wieder abräumt …

Die Haustür öffnet sich, Luc kommt herein. »Papa!«, brüllt Svenja freudestrahlend und stolpert Richtung Haustür. Papa kommt mit Svenja auf dem Arm herein: »Hallo, Schatz, was gibt es denn?« Nach dem Essen, ich habe Svenja gefüttert, währenddessen einige hastigen Happen verschlungen, verschwindet Luc im Arbeitszimmer. »'tschuldigung, Schatz, ich warte noch auf eine wichtige Mail.« Ich räume derweil den Tisch ab und lasse die Badewanne für Svenja ein. Insgeheim hoffe ich, er übernimmt das Endstadium des Kindertages. Nach einer Viertelstunde schwindet diese Hoffnung und ich versuche sie durch forsche Nachfrage wieder zu reanimieren. »Du, Luc, könntest du Svenja baden?« »Moment, ich krieg hier gerade den Anhang nicht auf.« Weitere zehn Minuten später entkleide ich resigniert das Kind, setz es in die Badewanne. Sie planscht fröhlich vor sich hin, während ich das Bad aufräume. Von Luc keine Spur. Also das volle Programm: Zähneputzen, abtrocknen, Schlafanzug an. »Sag Papa gute Nacht!« Er überhört den vorwurfsvollen Unterton, gibt Svenja einen Kuss auf die Wange »Gute Nacht, mein Schatz« und wendet sich wieder dem Rechner zu. Ich bringe Svenja ins Bett, Gute-Nacht-Geschichte, Gute-Nacht-Lied und Gute-Nacht-Kuss. Erschöpft schließe ich ihre Kinderzimmertür. Puh, das wäre geschafft.

Wie jeden Abend bin ich erleichtert, erledigt und unendlich müde. Heute bin ich aber zu allem Überfluss noch sauer. Es kann doch nicht so weitergehen,

> es kann doch nicht alles an mir hängenbleiben. Jeden Tag, auch samstags. Und sonntags.
> Das kann es doch nicht sein. Ich beschließe, mit Luc zu reden. Über Aufgabenteilung, über Verantwortungsbereiche, über gemeinsame Pflichten und deren Erfüllung.
> Aber als er endlich im Wohnzimmer auftaucht, bin ich bereits auf dem Sofa eingeschlafen. Es ist kurz nach 22 Uhr. Noch acht Stunden, dann ist es wieder 6 Uhr. Die Kleine schreit …

Bei vielen Athletinnen kommt es im Rahmen der dritten und vierten, spätestens fünften Trainingseinheit immer wieder zu oft recht heftigem verbalen Schlagabtausch mit dem Partner. Grund ist die sich nach der Geburt meist schnell etablierende, uralte Rollenverteilung. Sie kümmert sich ums Kind, er geht arbeiten. Dies führt in vielen Fällen zu Frust, Enttäuschung und Wut. Die Argumente sind fast überall die gleichen.

Die Frau fühlt sich im Stich gelassen. Sie kümmert sich Tag und Nacht um den Nachwuchs, den Haushalt und die Familienharmonie, während der Mann weiterhin, als wäre nichts passiert, morgens das Haus verlässt und abends wiederkommt, gerne spät.

Die Rückkehr zur traditionellen Aufgabenteilung verläuft in der Regel schleichend, ohne dass die Paare dies verabreden oder überhaupt darüber sprechen. Sie ist sogar wissenschaftlich belegt. In der Studie »Die Rolle des Vaters in der Familie«, die 2001 vom Bundesministerium für Familie, Senioren, Frauen und Jugend in Auftrag gegeben wurde, kommt das Forscherteam um Familienforscher Wassilios Emmanuel Fthenakis zu folgenden Ergebnissen:

- Beim Übergang zur Elternschaft tritt in der Aufgabenteilung eine Traditionalisierung ein. Für die Haushaltsaufgaben kann man beobachten, dass nach der Geburt die gleichmäßige Partizipation deutlich abnimmt und die Frau mehr Aufgaben allein übernimmt.
- »Veränderungen nach der Geburt eines Kindes betreffen einerseits die Partnerschaftsqualität. Diese sinkt im Zeitraum von vor der Geburt bis sechs Monate nach der Geburt deutlich ab, und auch in der Zeit, bis das Kind 20 Monate alt ist, sinkt sie nochmals. Der Grund für diese Veränderung wird darin gesehen, dass die Paare Schwierigkeiten haben, mit der neuen Lebenssituation zurechtzukommen, dass die Lebenswelten von Männern und Frauen sich auseinanderentwickeln und dass die Partner wegen der vielen neuen Aufgaben weniger Zeit als vorher miteinander verbringen können.« (Fthenakis, S. 3)

Darüber hinaus belegen Statistiken, dass viele Männer nach der Geburt des Kindes mehr arbeiten beziehungsweise deutlich mehr Zeit am Arbeitsplatz verbringen als ohne Nachwuchs. Das mag zum einen daran liegen, dass die frischgebackenen Väter sich ungefragt unter Druck setzen, weil sie berufliche Nachteile befürchten. Es gibt aber auch Väter, die ganz froh sind, nicht zuhause sein zu müssen, da sie sich durch die neue Konstellation überflüssig und ausgegrenzt fühlen. Denn zuhause ist nichts mehr, wie es war. Die Partnerin ist jetzt Mutter, die Geliebte eine fürsorgliche, fremdbestimmte Bedürfnisbefriedigerin, der neue Mitbewohner ein Fremdling. Auf dem Abendprogramm stehen Drei-Monats-Koliken statt Romantik bei Kerzenschein, und selbst nachts hat man keine Ruhe mehr.

Manche Väter fühlen sich auch schlichtweg überfordert. Reichte es bei den eigenen Vätern fast noch aus, ausschließlich der Ernährer zu sein, so steht der »neue« Vater vor ganz neuen Anforderungen. Die Emanzipation der Frauen führte zu einem veränderten Rollenverständnis in der Gesellschaft, die den engagierten Vater postuliert, der sich an Aufzucht und Erziehung beteiligt, womöglich zu gleichen Teilen wie die Mutter. So ist nach einem harten zehnstündigen Arbeitstag plötzlich nicht mehr der wohlverdiente Feierabend in Sicht, sondern ein schreiendes Baby, eine erschöpfte Mutter und neue, unberechenbar lange andauernde Herausforderungen. Diese neue Doppelbelastung kann ernste gesundheitliche Folgen haben: »Jeder dritte Vater zeigt zwei Jahre nach der Geburt eines Kindes ein Burn-out-Syndrom. Die Doppelbelastung ist oft enorm. Bei 52 Prozent der Paare arbeitet der Mann Vollzeit, die Frau ist nicht erwerbstätig. Diese Konstellation wünschen sich aber nur 5,7 Prozent. Das heißt: Die Paare sind unzufrieden. Es gibt ein hohes Konfliktpotenzial, das mittelfristig zu Trennungen führt.« So Volker Baisch in einem Interview des Apothekenmagazins *Baby & Familie* (10/2006). Baisch ist Gründer von Väter e.V., einem Hamburger Verein »für den Mann mit Kind«, der es sich zum Ziel gemacht hat, Vätern das Vatersein zu erleichtern.

Unabhängig davon, wie heftig der partnerschaftliche Schlagabtausch verläuft, ist den Athletinnen und ihren Trainingspartnern zu empfehlen, dass dieser Kampf immer offen und fair ausgetragen wird. Bewährt haben sich Absprachen über den geeigneten Ort und die Zeit der Auseinandersetzung sowie Kampftechniken, wie insbesondere die Bereitschaft zuzuhören, Verständnis zu üben, klar zu argumentieren. Nahezu unschlagbar ist die unbedingte Bereitschaft, eine für beide zufriedenstellende Lösung finden zu wollen. Nicht erlaubt sind Schläge unter die Gürtellinie durch vorwurfsvolles Schweigen, permanente Anklagen, Vorwürfe und Beleidigungen; verboten ist zudem Doping in Form von stundenlangen Beschwerdegesprächen mit Mutter oder Freundinnen.

Am Anfang jedes Gefechts werden die Startpositionen festgelegt, idealerweise durch eindeutige Ich-Botschaften. Beispiele: »Ich fühle mich überfordert, weil ich mich um alles kümmern muss« statt »Du kümmerst dich um gar nichts«. Oder »Dummerweise muss ich gerade einige Überstunden machen« statt »Du brauchst mir abends gar nicht so vorwurfsvoll den Kleinen in den Arm zu drücken!«

Im Anschluss sollten vage Aussagen geklärt werden: »Alles« ist diffus und kann zu Missverständnissen führen, besser ist hier eine konkrete Aufzählung, wie beispielsweise »Wäsche, Einkauf, Haushalt«. Oder nennen Sie statt »einigen Überstunden« möglichst konkrete Zahlen.

In der nächsten Kampfphase geht es um die Konfliktbewältigung: Beide Seiten machen Vorschläge und diskutieren sie mit dem Ziel, am Ende eine einvernehmliche, praktikable Lösung zu finden. Die Auseinandersetzung ist beendet, wenn beide Parteien sich mit den Worten »Gut, dann probieren WIR das so« wieder lächelnd in die Augen schauen.

Schützenhilfe: Zahlen und Fakten

Du bist nicht allein, denn:

11,7 Millionen
Mütter mit minderjährigen Kindern gibt es in Deutschland.

9 Stunden und 16 Minuten
kümmert sich die Mutter eines unter drei Jahre alten Kindes täglich im Schnitt um ihr Kind.

36 Prozent
aller Mütter haben das Gefühl, zu wenig Zeit für sich zu haben.

44 Prozent
aller Mütter würden gerne mehr arbeiten, wenn die Kinder gut betreut werden würden.

29 Prozent
der Mütter mit Kindern unter drei Jahren arbeiten.

Für 78 Prozent
der Mütter ist Familie der wichtigste Lebensbereich.

60 Prozent
der Väter würden gerne mehr für ihre Kinder da sein und dafür auch die Arbeitszeit reduzieren.

62 Prozent
der Väter finden, dass die Vereinbarkeit von Beruf und Familie nach wie vor schwierig ist, bei Müttern finden das 69 Prozent.

8 Prozent
der unter dreijährigen Kinder besuchen eine Tageseinrichtung.

Quellen: Die Zahlen stammen aus dem Familienmonitor 2010 des Instituts für Demoskopie Allensbach und statista, dem führenden Statistikunternehmen im Internet

Trainingstagebuch: Rabenvater?

Von Tim, Trainingspartner

Seit neun Monaten bin ich Vater. Stolzer Vater. Aber auch müder Vater. Und sehr gestresster Vater. Weil ich die Verantwortung trage. Die Verantwortung für die Existenz meiner Familie. Und die wiegt deutlich schwerer als vor der Geburt. Was ist, wenn ich meinen Job verliere? Dieser Gedanke macht mir Angst und schlaflose Nächte. Nächte, in denen ich mich natürlich ums Baby kümmern könnte. Aber ich muss ausgeschlafen sein. Habe doch wieder einen schweren Tag im Büro vor mir. An dem ich mich nicht ausruhe.

Dort gibt es einen Chef. Und Konkurrenz. Und Überstunden. Nicht aus Jux und Dollerei, sondern weil das der Job mit sich bringt. Den ich nicht aufs Spiel setzen will, darf, kann. Wenn ich abends nach Hause komme, bin ich kaputt. Und wünsche mir, dass mein kleiner Sohn schon schläft. Tut er es nicht, bringe ich ihn natürlich noch ins Bett. Und stehe am Wochenende früh auf, um meine Frau etwas zu entlasten. Dummerweise mache ich dabei kaum etwas richtig. Die Windel zu eng, falscher Pulli, falsche Mütze, Bäuerchen vergessen etc.

Was mir zur Zeit am meisten fehlt, ist die Anerkennung.

Mein Job? Eine Selbstverständlichkeit. Überstunden? Eine Zumutung, da meine Frau dann Babyüberstunden machen muss. Würde ich meine Tage mit dem Kinderwagen auf dem Spielplatz verbringen, wäre ich ein Held. So bin ich nur der Mops. Weil ich arbeiten gehe und das Geld verdiene, von dem wir leben. Weil ich zu wenig Zeit mit unserem Sohn verbringe. Weil ich zu wenig engagiert für unser Baby bin. Dabei sage ich schon gar nichts mehr. Frage nicht nach einer minimalen Auszeit, sondern schiebe brav den Kinderwagen. Was bleibt mir auch anderes übrig? Schließlich liebe ich meine Familie über alles.

Mentale Fitness:
Bewegung für die grauen Zellen

»Wer rastet, der rostet« – diese Warnung kann die Teilnehmerinnen an der Ironmom getrost kaltlassen. Weder körperlich noch geistig kann man ihnen Bewegungsarmut vorwerfen. Zwar mussten sich viele Athletinnen in den ersten Trainingseinheiten mit erheblichen Gedächtnisstörungen und verminderter Konzentrationsfähigkeit herumplagen. Dieses umgangssprachlich als »Stilldemenz« bekannte Phänomen entbehrt zwar jeder wissenschaftlichen Grundlage, ist aber eine weit verbreitete Erscheinung. Ein Erklärungsansatz für die veränderte Gehirnleistung geht auf psychische Ursachen zurück: Die werdende beziehungsweise junge Mutter ist voll und ganz mit den veränderten Lebensumständen beschäfigt, so dass kein Platz für die kleinen, eher unwichtigen Dinge des Lebens bleibt. Auch die überwältigenden Gefühle, die während der Schwangerschaft auftreten, können Vergesslichkeit und Konzentrationsschwäche auslösen.

Spätestens in der fünften Trainingseinheit hat sich das Gehirn allerdings weitestgehend regeneriert. Eine Reihe von neuen Herausforderungen bringt die geistige Fitness gewaltig in Schwung und das Gehirn erhält anspruchsvolles Übungsmaterial.

Ganz oben auf dem Stundenplan steht das Training der fluiden Intelligenz. Darunter versteht man die Fähigkeit, neue Probleme zu lösen oder sich an eine neue Situation anzupassen. An Trainingsaufgaben mangelt es nicht, da das Forderungsverhalten des Kleinkindes zunehmend differenzierter wird und der Athletin immer neue fantasievolle Reaktionen abverlangt. Reichte es in der vorhergehenden Trainingseinheiten noch, mit Nahrung, Getränk, frischer Windel, Schnuller oder Körperkontakt auf das weinende Kind einzugehen, müssen nun schnell neue Lösungen her, wenn das Kind lautstark nach anderen Dingen verlangt, ohne diese konkret benennen zu können. Was tun, wenn es wütende Schreie ausstößt in Richtung roter Kaffeetasse in Mutters Hand oder blauer Teddy im Arm der älteren Schwester? Was tun, wenn das Kind freudestrahlend die nun schon dritte Fernbedienung (Neupreis 19,95 Euro) rhythmisch auf den Boden schlägt oder fasziniert auf die dummerweise nicht weggeräumte Allesreiniger-Flasche zusteuert? Einfach wegnehmen und das lautstarke Gebrüll ignorieren? Eine Alternative anbieten? Welche? Laute komische Geräusche machen und durch seltsame körperliche Verrenkungen das Interesse abzulenken versuchen? Die grauen Zellen arbeiten, eine Lösung muss her, das Training ist in vollem Gange.

Auch für das Training der Auffassungsgabe gibt es zahllose Übungen, wenn mögliche alltägliche Situationen blitzschnell auf ihr Gefahrenpotenzial hin überprüft werden müssen, um böse Folgeschäden zu vermeiden. Zum Beispiel macht sich Kleinchen auf den Weg in die Küche. Das Gehirn springt an: Backofen an? Geschirrspüler offen? Tür vom Putzschrank zu? Liegen noch Waschmittelkrümel auf dem Boden? Steht da noch der volle Putzeimer? Hatten wir nun die Steckdose gesichert? Das Gehirn vollbringt in diesen Momenten Höchstleistungen: Schnell und effizient erfasst es Ist-Situationen und skizziert mögliche Folgen, entwirft fast zeitgleich prompte

Handlungsanweisungen und/oder entwickelt Alternativenangebote.

Räumliches Vorstellungsvermögen wird ebenso trainiert wie logisches Denken, Kreativität und Auffassungsgabe. Auch im Bereich Gedächtnisleistungen sorgen diverse Herausforderungen für anspruchsvolle Trainingsintervalle und machen die anfängliche »Stilldemenz« wieder mehr als wett: Sind noch genug Windeln fürs Wochenende da? Habe ich die Feuchttücher eingesteckt? Reicht die Milch noch fürs Frühstücksfläschchen? Wo habe ich den Schnuller hingelegt? Habe ich den Lieblingsteddy eingepackt?

In einigen Bereichen kann sich das Gehirn allerdings weiterhin ausruhen. Kaum Trainingsmöglichkeiten gibt es für die Disziplinen sprachliche Kompetenz, verbale Intelligenz und Abstraktionsvermögen. Natürlich gibt es auch zu wenige Herausforderungen auf Gebieten des mathematischen Denkens und technischen Verständnisses, aber die haben viele Athletinnen auch vor Beginn der Ironmom nicht unbedingt gesucht. Die Reizarmut auf sprachlichem, kommunikativem und abstraktem Terrain wird allerdings von vielen als sehr störend empfunden.

20 Sätze à 150 Wiederholungen. Oder: Selten so viel geredet und so wenig gesagt

Die Athletinnen bewegen sich hinsichtlich ihrer Kommunikationsmöglichkeiten auf nahezu abgeschlossenem Terrain. Sprache im Sinne von zufriedenstellender oder anregender Kommunikation findet kaum statt. Nur wenige Wortschatzübungen werden praktiziert; diese dienen aber vorrangig Übungszwecken für das Kleinkind. Das sprachliche Niveau leidet also erheblich unter dem Mangel an geeigneten Trainingspartnern. Dies führt bei vielen Teilnehmerinnen zu Unmut. Manche setzen dann vermehrt auf den Partner und erhoffen sich hier einen Ausweg aus der kommunikativen Misere. Diese Hoffnung erweist sich oft als trügerisch, da die Athletin abends, wenn der Trainingspartner ins Lager zurückkehrt, meist zu müde und erschöpft ist, um tiefschürfende Gespräche zu führen. Andere Athletinnen versuchen, den Austausch mit Freunden telefonisch oder sogar von Angesicht zu Angesicht wiederzubeleben. Das kann funktionieren, klappt aber meistens nicht. Denn entweder unterscheiden sich die Lebenswelten mittlerweile so stark, dass man nicht weiß, was man erzählen soll und darf. Oder die Lebenswelten sind so ähnlich, dass man sich nichts zu erzählen hat, was der andere nicht selbst zur Genüge kennt. Schließlich gibt es die Teilnehmerinnen, die sich resigniert der Realität beugen und sich mit ihrem Schicksal abfinden, lediglich Alltagskommentator zu sein. Denn zu schweigen, wo es nichts zu sagen gibt, kommt auch nicht infrage, da man das Kleine ja in »Sprache baden soll«, um seine Sprachentwicklung zu fördern. Also kommentiert man einen Großteil seiner Handlungen: »Die Mama macht sich jetzt erst mal einen Kaffee« oder »Jetzt geht die Pia schön in die Badewanne«. Viele Athletinnen versuchen, aus Angst sich lächerlich zu machen, die Kommentare nur auf den Indoor-Bereich der eigenen Wohnung zu beschränken, was schwierig ist, da man dem Sprössling nicht vorenthalten möchte, dass ein Hund ein Hund ist. Oder ein Wauwau. Oder ein Vogel ein Vogel. Oder ein Piep-piep. Dass Pia jetzt schaukelt oder gerade zur Wippe geht.

Man redet also unentwegt, liefert Beschreibungen von Welt. Deshalb ist es auch gar nicht der Mangel an sprachlichen Gelegenheiten, nicht die Quantität, die von vielen Athletinnen beanstandet wird, sondern vielmehr die Qualität. Einfache Satzbauten und ein relativ überschaubarer Wortschatz werden wiederholt. Und wiederholt. Und wiederholt.

Jeder Hund ist Anlass für einen Sprechakt, genauso wie jedes Fläschchen und jeder Ball, jede Schaufel und jede Schaukel. Tag für Tag, Woche für Woche, so lange, bis das Kind das Wort beherrscht. Und noch viel länger, denn es könnte ja in Vergessenheit geraten.

Trockenübung: »Das habe ich so nicht gesagt!«

Ein weiterer kommunikativer Missstand sorgt zunehmend für Unmut: Die Tatsache, dass grundlegende Regeln der zwischenmenschlichen Verständigung radikal beschnitten und oft sogar außer Kraft gesetzt werden. Das macht Kommunikation zwar einerseits einfacher, andererseits aber extrem eintönig und intellektuell höchst einschläfernd.

Was geschieht, wenn Menschen miteinander kommunizieren, hat Karl Bühler in seinem Kommunikationsmodell verdeutlicht: Es gibt einen Sender, einen Empfänger und eine Nachricht. Die Nachricht muss nicht unbedingt verbaler Natur sein, ebenso gibt es nonverbale Nachrichten – Gestik, Mimik. Jede Nachricht besteht aus mindestens drei Elementen beziehungsweise hat drei Funktionen: Ausdruck, Appell und Darstellung. Indem ein Sender etwas sagt, teilt er dem Empfänger eine Sachinformation mit, er liefert eine faktische Darstellung der Welt. Darüber hinaus enthält die Nachricht immer auch Informationen über die Person des Senders, das, was er von sich zu erkennen gibt. Damit ist sie Ausdruck seiner Person. Und jede Nachricht will etwas beim Empfänger erreichen, sie ist immer auch ein Appell.

So enthält die Nachricht »Du, die Ampel ist grün« neben der faktischen Sachinformation (da ist eine grüne Ampel) eine Aussage über den Sender (er spricht deutsch, hat aufgepasst, achtet auf das Verkehrsgeschehen) und eine Appellfunktion (du kannst jetzt fahren/gehen).

Darüber hinaus kann man den Beziehungsaspekt einer

Nachricht einbeziehen. Dieser gibt Auskunft darüber, wie der Sender zum Empfänger steht.

Kommunikation zwischen Menschen geschieht also auf mehreren Ebenen. Jeder Sender bedient mit seiner Äußerung diese vier Ebenen, genauso wie jeder Empfänger die Nachricht auf diesen vier Ebenen annimmt. Oftmals entsprechen sich die Seiten nicht oder teilweise nicht, der Empfänger interpretiert eine Nachricht anders, als sie vom Empfänger »gemeint« war. Deshalb machen diese vier Seiten einer Nachricht zwischenmenschliche Kontakte spannend, aber auch spannungsreich und anfällig für Störungen und Missverständnisse.

Jede Nachricht hat es in sich; sie beinhaltet eine Vielzahl von Botschaften, die alle oder teilweise vom Empfänger missverstanden werden können. Soll die Kommunikation gelingen, also für beide Seiten zufriedenstellend verlaufen, müssen Sender und Empfänger ganze Arbeit leisten, damit Nachrichten richtig formuliert und richtig verstanden werden.

Sprachliche Performance: Abzug in der B-Note

Für die Ironmom-Anwärterin findet Kommunikation als geistige Herausforderung und Betätigung in dieser Trainingseinheit nicht statt; das hierfür benötigte Trainingsgerät, ein Vier-Seiten-Modell, ist in dieser Zeit nicht vorhanden. Die Athletin muss sich für ihr Training mit einer eingeschränkten Version abfinden. Das Baby sendet in der Regel Nachrichten, die nicht viele Wörter umfassen, sondern nur aus einigen wenigen Lauten oder lautstarkem Gebrüll bestehen. Zudem werden intensiv nichtverbale Zeichen verwendet: Gesten wie Deuten durch den ausgestreckten Arm oder Körper, wütendes Zappeln, Strampeln, wildes Rudern mir Armen, Beinen oder dem ganzem Körper; ebenso wird Mimik eingesetzt, vor allem Verziehen des Gesichtes zur Bekundung von Unmut oder Wut.

Als Sender verwendet das Baby ein deutlich reduziertes Vier-Seiten-Modell. Die Darstellungsebene (Sachinformation) fällt weg zugunsten der Appellfunktion, deren Stellenwert erheblich erhöht ist. Die Ebenen des Ausdrucks und der Beziehung sind zwar vorhanden, allerdings recht begrenzt. Ausgedrückt wird meistens Unmut, weil der kleine Sender hungrig, durstig, müde oder schlimmstenfalls krank ist. Oder weil die Windel voll ist, ein Objekt der Begierde nicht erreicht werden kann oder die körperliche Position nicht behagt. Auf der Beziehungsebene ist eine noch geringere Vielfalt gegeben: Das Kind bezieht sich fast immer auf die Mutter; es ist von ihr abhängig und braucht sie.

Die relevante Ebene der kindlichen Äußerung ist also der Appell – gerichtet an die Mutter. Das Kind will etwas von der Mutter. Und zwar extrem häufig und sofort.

Für die Mutter als Empfänger ist also der Interpretationsspielraum sehr überschaubar, die Äußerungen sind leicht zu entschlüsseln, es gibt keinen Raum für Missverständnisse, es müssen lediglich Reaktionen auf die Apelle erfolgen. Insofern gelingt zumindest dann, wenn das Baby der Sender ist, die Kommunikation fast immer.

Umgekehrt reduzieren sich die Ebenen ebenfalls, wenn die Mutter der Sender der Nachricht ist. Bei ihr fällt die Appellfunktion fast vollständig weg, da sie intuitiv weiß, dass sie beim Kind nicht viel erreichen/bewirken kann. Dafür gewinnt die Darstellungsebene überproportional an Bedeutung, denn nur durch sie kann sie dem Kind den Zugang zur faktischen Welt ermöglichen. Die Ausdrucks- und Beziehungsebene fallen aber auch bei ihr kaum ins Gewicht, da es für das Baby relativ irrelevant ist, was die Mutter von sich selbst kundtut, außer der Tatsache, dass sie dem Kind liebevoll zugewandt ist und bleibt. Das Kind ist eben vollständig von der Mutter abhängig und verlässt sich daher auf die Beziehung zur Mutter.

Die zwischenmenschliche Kommunikation zwischen Mutter und Kind stellt also keine große mentale Herausforderung dar. So ist es verständlich, dass viele Athletinnen auf diesem Gebiet gar nicht ernsthaft trainieren, sondern im Gegenteil richtiggehend erschlaffen.

Das kann unschöne Folgen haben, wie beispielsweise Vorwürfe des Partners oder anderer Verwandter und Bekannter, unsensibel zu sein – oftmals zu Recht, da man relevante Informationen ihrerseits auf der Ausdrucks- und Beziehungsebene nicht mehr hört beziehungsweise wahrnimmt, weil dieses Ohr mittlerweile quasi taub ist.

Das Verstehen vieler Athletinnen wird durch die eingeschränkte Kommunikation außerdem viel zu appelllastig; sie wittern hinter jeder Nachricht einen Appell. Durch solche Missverständnisse bürden sie sich oft zusätzliche Tätigkeiten auf.

So ist es keinesfalls nötig, auf die Nachricht des Partners, er habe morgen ein wichtiges Meeting, aufzuspringen, um nachzuschauen, ob die Hemden gebügelt sind. Auf die Bemerkung des Partners, er habe einen anstrengenden Tag gehabt, muss nicht unbedingt eine einstündige Entspannungsmassage folgen. Und auf die Erwähnung der Freundin, ihr Lover habe sie versetzt, muss man nicht sofort als Kummerkasten präsent sein. Man kann, aber man muss nicht. Der Partner und die Freundin sind – anders als das Baby – nicht auf die Bügel- und Trostfähigkeiten der Athletin angewiesen.

Ob der Athletin im Zuge der letzten Trainingseinheiten ein übergroßes Appellohr gewachsen ist, lässt sich mit einem kleinen Test schnell überprüfen:

Selbsttest: Wie groß ist Ihr Appellohr?

Lesen Sie jeweils die Nachricht und kreuzen Sie anschließend an, welche der vier vorgeschlagenen Interpretationen a), b), c) oder d) Ihnen am naheliegendsten erscheint.

1. Nachricht (Partner): »Die Ampel ist grün.«
   Sie verstehen => und sagen:
a) Stimmt, die Ampel ist grün. => »Du hast Recht.«
b) Er scheint es wohl eilig zu haben. => »Wir kommen schon noch rechtzeitig.«
c) Glaubt er, ich passe nicht auf? => »Fährst du oder fahre ich?«
d) Nun fahr schon! => »Ich fahr ja schon!«

2. Nachricht (Partner): »Gibt es heute wieder Salat?«
   Sie verstehen => und sagen:
a) Er möchte wissen, ob wir heute wieder Salat essen. => »Ja.«/»Nein.«
b) Er mag gerne Salat. => »Ja, deinen Lieblingssalat.«
c) Denkt er, ich bin fantasielos und mir fällt nichts anderes ein? => »Wieso wieder? Salat ist gesund!«
d) Ich soll ihm was anderes machen. => »Klar, ich kann dir auch 'ne Extrawurst braten.«

3. Nachricht (Partner): »Das Kleid steht dir aber gut.«
   Sie verstehen => und sagen:
a) Er findet mich in dem Kleid schön. => »Danke.«
b) Er mag es, wenn ich Kleider trage. => »Schön, dass es dir gefällt.«
c) Ich gefalle ihm heute besonders gut. => »Ja, magst du mich so?«
d) Ich sollte öfter mal ein Kleid anziehen. => »Willst du, dass ich öfter Kleider trage?«

4. Nachricht (Partner): »Mit dir ist heute nicht viel los.«
   Sie verstehen => und sagen:
a) Ich wirke schlapp. => »Nee, wirklich nicht.«
b) Er merkt, was mit mir los ist. => »Schön, dass du merkst, was mit mir los ist.«
c) Bei ihm darf ich wohl keine Schwäche zeigen. => »Darf ich nicht auch mal etwas schlapp sein?«

d) Reiß dich zusammen und stell dich nicht so an.
=> »Ich reiß mich ja schon zusammen, was willst du von mir?«

Auswertung:
Die Varianten a) boten Interpretationen auf der Sachebene.
Die Varianten b) boten Interpretationen auf der Ausdrucksebene.
Die Varianten c) boten Interpretationen auf der Beziehungsebene.
Die Varianten d) boten Interpretationen auf der Apellebene.

Haben Sie hauptsächlich a) angekreuzt,
so konzentrieren Sie Ihr Verständnis von Nachrichten weitestgehend auf die Ebene des Sachinhalts. Dies ist eine gute Möglichkeit, Missverständnissen und unschönen Auseinandersetzungen aus dem Weg zu gehen, allerdings verarmt auf diese Weise Kommunikation, ein spannender Austausch findet kaum noch statt.

Haben Sie hauptsächlich b) angekreuzt,
so begrenzen Sie ihr Verständnis von Nachrichten weitestgehend auf die Ebene des Selbstausdrucks. Kommunikation wird extrem kompliziert, da Sachinformation kaum durchdringt zum Empfänger, aber auch dessen eigene Haltung ausgeblendet wird.

Haben Sie hauptsächlich c) angekreuzt,
so orientiert sich Ihr Verständnis von Nachrichten weitestgehend an der Beziehungsebene. Sie richten sich damit in erster Linie nicht an den Verstand, sondern treffen »mitten ins Herz«. Nicht selten vermitteln sie ein negatives Grundgefühl (»Wofür hält der mich eigentlich?!«). Oft sind endlose Diskussionen die Folge.

Haben Sie hauptsächlich d) angekreuzt,
so begrenzen Sie Ihr Verständnis von Nachrichten weitestgehend auf den Appellaspekt. Dies hat zur Folge, dass Sie sich als Empfänger extrem unter Druck gesetzt fühlen und permanent meinen, etwas tun zu müssen.

Haben Sie a), b), c) und d) gleichermaßen angekreuzt, Glückwunsch: Sie berücksichtigen alle kommunikativen Funktionen, was ein vielschichtiges Kommunikationsverhalten ermöglicht. Schade, dass Sie momentan im Alltag wenig Gelegenheit dazu haben, es auszuleben. Aber bleiben Sie im Training, denn Sie werden es zunehmend mehr brauchen. Vor allem, wenn Ihr Kind in die Pubertät kommt.

Regeneration: Mentales Power-Training, Ententeiche und Chianti

Wenn viele Spitzenathleten die »Kraft des Geistes« nutzen, um aufzutanken, Energiereserven zu mobilisieren oder Stress zu reduzieren, so sollte diese Technik auch im Repertoire der Ironmom nicht fehlen. Sie ist einfach zu erlernen, simpel in der Anwendung und äußerst wirksam. »Gerade auf Topniveau entscheidet das Mentale über Sieg und Niederlage«, sagt Hans Eberspächer, Professor für Sportwissenschaft und Sportpsychologie (Eberspächer, S. 22). Mentale Stärke ist die Fähigkeit, den Kopf freizumachen, auch in Stressphasen locker zu bleiben, sich selbst anzutreiben und auch in scheinbar hoffnungslosen Situationen die gute Laune nicht zu verlieren. Was sich theoretisch gut und schön anhört, können die Ironmoms sich auch praktisch mit einigen wenigen Übungen aneignen.

1. Übung: Konzentration im Hier und Jetzt

Der erste Schritt zu mentaler Stärke ist die totale Fokussierung, das völlige Aufgehen im Hier und Jetzt, also vollendete Konzentration. Konzentration ist die Fähigkeit, sich intensiv einer Tätigkeit widmen zu können, Störfaktoren auszublenden und Abschweifungen zu vermeiden. Der Nutzen: Je konzentrierter man arbeitet, umso schneller und effektiver kommt man zum Ziel. Wer konzentriert ist, dem gelingt es, Erregungs- und Stresszustände zu kontrollieren und negative Gedanken auszuschalten. Konzentration ermöglicht ein völliges Bei-sich-Sein, ein Grundpfeiler mentaler Stärke.

Konzentration lässt sich trainieren:

- Kinder beherrschen diese Fähigkeit noch intuitiv. Betrachten Sie Ihr Kind daher als Vorbild und Personal Trainer. Die meisten Übungen sind kinderleicht und einfach nachzumachen: Jeden Krümel einzeln vom Teppich aufsammeln, mit Blättern und Kieselsteinen sprechen oder im Wartezimmer des Bürgeramts das Tongranulat einer Hydrokulturpflanze entnehmen und selbstvergessen um den Topf verteilen.
- Wenn Sie Ihr Kind füttern, füttern Sie Ihr Kind. Lassen Sie sich nicht von der zunehmenden Anzahl der Flecken auf Ihrer weißen Bluse ablenken.
- Wenn Ihr Kind schreit, halten Sie es fest. Werden Sie eins mit dem Schrei und blenden Sie alles Störende aus.
- Schalten Sie mindestens zehn Minuten pro Tag das Licht an und aus, an und aus, an und aus. Konzentrieren Sie sich auf diese Aufgabe und lassen Sie sich durch nichts ablenken.

2. Übung: Anfeuern, aber richtig!

Sich selbst zu mobilisieren, zu motivieren und störende Zweifel, negative Gedanken abzuwenden, ist ein weiterer wesentlicher Schritt, mentale Stärke aufzubauen und sich zu fokussieren. Bei dieser Übung wird jedem negativen Gedanken oder Gefühl direkt etwas Positives entgegengesetzt, um den Gedanken und Gefühlen wieder eine optimistische Richtung zu geben. Beispiele für solche Power-Selbstgespräche:

- Sie fühlen sich müde: »Heute bin ich hellwach und wunderbar ausgeruht. Nichts kann meinen Tatendrang stoppen!«
- Es langweilt Sie, Ihr Kind zum x-ten Mal auf die Rutsche zu heben: »Heute unterstütze ich mein Kind in seinem Bestreben, selbstständig zu werden. Dies erledige ich auf die bestmögliche Weise.«
- Entnervt stehen Sie vor dem täglichen Berg schmutziger Wäsche: »Heute sind alle Zweifel aus der Vergangenheit gegenstandslos, heute ist alles bedeutungslos, was mich bisher behindert hat.«
- Im Restaurant: Die Windel des Kindes ist randvoll, der Strampler ist davon nicht verschont geblieben: »Heute schaue, denke, handle und fühle ich wie ein Gewinner. Was auch immer mich niederdrücken will, ich halte mit eisernem Willen dagegen und begreife jedes Problem als Chance.«

Nun sind Sie an der Reihe. Schreiben Sie die Gedanken auf, die Sie am häufigsten herunterziehen. Notieren Sie daneben den Power-Satz, den Sie zukünftig in den entsprechenden Situationen zu sich sagen. Am besten Sie machen diese Übungen auf einem kleinen Spickzettel, den Sie überall bei sich führen können – für den Fall, dass Ihnen der motivierende Power-Satz partout nicht einfallen will, wenn Kleinchen zum Beispiel seinen gefüllten Teller vom Tisch gefegt hat.

3. Übung: Die Kraft der Vorstellung

Nur wer an sich und seine Leistungen glaubt, kann erfolgreich sein. Die Technik der Visualisierung hilft, positive Vorstellungen aufzubauen und jederzeit vor seinem geistigen Auge abrufen zu können.

In Gedanken wird die konkrete Win-Situation, so wie man sie gerne hätte, entwickelt. Anschließend stellt man sie sich so genau wie möglich vor. Und so oft wie möglich. Man versetzt sich gedanklich in den gewünschten Zustand, als ob dieser bereits Realität sei. Auf diese Weise wird die Kraft der Vorstellung genutzt, um sich zu motivieren und die eigene Leistung beziehungsweise sein eigenes Erleben positiv zu beeinflussen.

Visualisierung »Die Traumreise«

- Nehmen Sie sich mindestens 15, besser 30 Minuten Zeit und ziehen Sie sich an einen ruhigen, ungestörten Ort zurück.
- Schließen Sie die Augen und stellen Sie sich den für das Wochenende mit Freunden anberaumten Restaurantbesuch vor. So genau wie möglich: Was ziehen Sie an? In welchem Restaurant sind Sie verabredet, wo und neben wem werden Sie sitzen, was bestellen Sie, über was werden Sie sich unterhalten etc. Blenden Sie bei dieser Übung alles Negative aus, das heißt, denken Sie nicht daran, dass das Kind nicht im Kinderstuhl sitzen bleiben will, dass Sie permanent Gläser und Messer in Sicherheit bringen müssen, dass Sie kein vernünftiges Gespräch führen können, dass Ihre Kleidung und die Ihres Partners nach spätestens zehn Minuten reif für

die Wäsche ist. Bleiben Sie in dieser Vorstellung, entspannen Sie sich und genießen Sie.
- Öffnen Sie nach frühestens 15 Minuten die Augen, strecken und recken Sie sich, bleiben Sie noch eine Weile sitzen und gehen Sie dann allmählich wieder Ihren gewohnten Aufgaben nach.

Visualisierung »Ein Traum von einem Kind«
- Nehmen Sie sich 15, besser 30 Minuten Zeit und ziehen Sie sich an einen ruhigen, ungestörten Ort zurück.
- Wiederholen Sie 3-mal den Satz: »Alles Negative ist verboten, ich nehme nur das Positive wahr.«
- Schließen Sie nun die Augen und spitzen Sie die Ohren. Sie hören Geräusche aus dem Kinderzimmer, Sie visualisieren, wie Ihr Kind zufrieden mit seinen Spielsachen spielt. Sie hören unbeholfene Schritte und stellen sich vor, wie Ihr Kind zu Ihnen kommt, um Ihnen freudestrahlend etwas zu zeigen. Die Schritte entfernen sich in Richtung Küche, Sie hören, wie ein Schrank geöffnet wird. Vor Ihrem geistigen Auge steht ein selbstständiges Kind in der Küche, um sich einen Topf zu holen. Lautes Geraschel, mehrere Sachen fallen zu Boden, darunter auch einige Dosen. Sie müssen lächeln bei der Vorstellung, wie Ihr Kind erschrocken schaut, die Sachen sorgfältig wieder einpackt und an ihren Platz zurückstellt. Lange Zeit hören Sie nichts, sie visualisieren, wie das Kind versonnen und konzentriert wieder für Ordnung sorgt. Plötzlich lautes Geschrei.
- An dieser Stelle beenden Sie die Übung. Öffnen Sie die Augen und gehen Sie in die Küche. Ignorieren Sie das Chaos, befreien Sie den eingeklemmten Finger des

Kindes aus der Öffnung der ausgekippten Zuckerdose, säubern Sie das Kind von Kakao und Haferflocken und nehmen Sie es in den Arm.

4. Übung: Der Abpfiff

Anspannung sollte so oft wie möglich mit Entspannung belohnt werden. Denn Anspannung ist nicht nur eine psychische Belastung, auch die körperliche Gesundheit leidet darunter. Daher ist es wichtig, regelmäßige Entspannungsmomente zu finden, um abschalten zu können und Geist und Körper wieder aufzutanken. Da es im Rahmen der Ironmom kaum vorhersehbare und somit planbare Entspannungsphasen gibt, müssen sie von jeder Athletin selbst geschaffen werden.

Anregungen für mögliche Entspannungsübungen findet man im Internet, in zahlreichen Büchern und in Zeitschriften. Auch auf dem Audio- beziehungsweise Video-Sektor wird man in Sachen Meditation und Entspannung mehr als fündig. Man kann sich zwischen Entspannungsmusik-CDs, Entspannungs-Sets (zum Beispiel CD mit naturbelassenem Kerzenleuchter und Teelicht in hochwertiger Verpackung oder Klangschalen-Zeremonie mit CD UND Klangschale) und DVDs entscheiden. Auch hier gibt es die Qual der Wahl: Aquarium, natürliche Weidelandromantik, Blumen der Provence oder Ententeiche & Schwanensee. Der Vorteil dieser DVDs besteht darin, dass sie in einer Endlosschleife gespielt werden, also für endlose Entspannung sorgen können. Auch die Kosmetikindustrie lässt sich dieses Geschäft nicht entgehen. Kuschel- und Entspannungsbäder, Spa-Deluxe-Entspannungsmasken, Massageöle, Raumsprays, Tees und eine große Auswahl an entspannenden Cremes und Tinkturen versprechen Balsam für den strapazierten Körper und Geist.

Athletinnen, die sich richtig was gönnen wollen, koste es, was es wolle, wird einiges geboten. Denn mittlerweile hat auch der Dienstleistungssektor das lukrative Potenzial dieser strapaziösen Dauerbelastung erkannt. Speziell für junge Mütter gibt es jede Menge Wellness-Genießer-Resorts oder Beauty-Vital-Hotels mit eigens für sie zugeschnittenen Angeboten. Drei Tage für schlappe 500 Euro, inklusive imposanter Spa-Landschaften, Thalasso-Bädern und Felsengrotten; zudem werden diverse Gesichts- und Dekolleté-Behandlungen geboten – wahlweise mit oder ohne Edelsteinen, zusätzlich buchbaren Aprikosen-Verwöhnpeelings, Yoga-Schnupperstunden, Bodyshape-Massagen und Getreidefußbäder. Bademantel und frische Früchte sind fast immer im Preis enthalten.

Athletinnen, die auf all diese Angebote nicht zurückgreifen möchten, setzen auf Altbewährtes: tief durchatmen, abwarten und Tee trinken. Oder sie erkundigen sich bei anderen Athletinnen. Wer keine Chance hat, sich darüber einmal in Ruhe mit einer Freundin zu unterhalten, der kann im Internet nützliche Tipps & Tricks entdecken. Hier eine kleine Zusammenstellung:

Tipps von der Front

- *»Versuche nichts zu planen, lasse den Tag laufen wie er kommt ... Hast du kurz Luft zum erholen ... dann überleg dir, ob du die Küche machst oder dich mal eine Minute hin setzt, um durchzuatmen.«* (bellamama12)
- *»Manchmal nehme ich mir auch die Zeit, um einfach mal auf der Couch zu lümmeln und stumpfsinnige TV-Serien anzuschauen, ein Buch zu lesen oder am Puzzle weiter zu puzzeln.«* (larasmom)
- *»›Blind-Date‹ mit anderen Müttern – hört sich jetzt ein bisschen doof an, macht aber Spaß. Du bist mit den Kids zusammen und lernst andere Menschen kennen.«* (delphinchen)
- *»bau dir inseln ein, an denen du freude hast. die du betont genießt. sei das 1x monatlich essen mit dem mann, 1x monatlich kino oder einen halbtag im fitnesscenter... das hilft.«* (snowy78)
- *»Um etwas für dich zu tun: Kosmetikerin, VHS, Familienbildungsstätte, Sporttreff, ehrenamtliche Tätigkeit oder einfach mal bummeln gehen ohne 3 Kinder im Schlepptau.«* (woelchen4)
- *»Ich mache, um mir etwas anderes in den Alltag zu bringen, Fitness. Das Tolle ist, dass sie Kinderbetreuung anbieten. Sport schüttet Glückshormone aus, so dass man sich nachher viel frischer fühlt. Zu Hause kann Haushalt auch mal liegen bleiben.«* (jeanniemaus)

- »*Hab nicht so viele Ansprüche an dich selber – vergiss all die angeblichen Superchecker-Mamas, erstens ist es egal, ob die wirklich alles perfekt hinkriegen, und zweitens tust du ohnehin, was du kannst, also relax.*« (susi2034)
- »*Ansonsten fällt mir noch Fernstudium ein, wenn dir die geistige Herausforderung fehlt. Das kann man auch gut abends machen, wenn die Kids schlafen.*« (funny_steffii)
- »*Schreiben Sie sich Ärger, Sorgen und Gefühle von der Seele. Ein schönes Buch mit edlem Papier macht Lust auf Schreiben. Machen Sie sich keine Gedanken darüber, was Sie genau festhalten, es geht darum, etwas loszuwerden, nicht den Nobel-Preis zu gewinnen.*« (susiewong4)
- »*Manchmal hilft es mir schon zu wissen, dass ich mich in drei Tagen mal wieder in die Badewanne lege und ein Buch lese. Oder es hilft mir zu wissen, dass ich in 5 Tagen für 2 Stunden bei einer Freundin beim Kaffee sein werde. Nimm dir was vor, um aus dem Alltagstrott rauszukommen!*« (chrissie156)
- »*Ich geh für 5 Min auf den Balkon. Ne Zigarette und etwas lesen.*« (noname5688)
- »*Ein Glas Rotwein; o))*« (noname4432)
- »*Ich mache dann einfach Musik an.*« (mumofzaza)

Regeneration für Fortgeschrittene: Weniger ist mehr

Die ersten 365 Tage der Ironmum sind fast rum. Das bedeutet nicht, dass sich die Athletinnen nun bereits auf der Zielgeraden wähnen könnten, sie haben lediglich die holperige Startbahn hinter sich. Und ein weiter Weg liegt noch vor ihnen. Mit weiteren zahllosen Herausforderungen, Anstrengungen, Kraft- und Belastungsproben für Körper, Geist und Gemüt. Aber sie haben schon viel geschafft. Und viel gewonnen. Neben einem kleinen unfassbar bezaubernden Wesen, das nun immer selbstständiger zu werden beginnt, mit Sicherheit auch eine wesentliche Einsicht: Manchmal ist weniger mehr. Wahrscheinlich haben die meisten Athletinnen diese Einsicht nicht durch harte Erkenntnisarbeit erlangt, sondern durch ständige Erschöpfung. Getreu der Erfahrung: Wenn man nicht mehr kann, dann kann man eben einfach nicht mehr. Und das Kind hat es auch überlebt.

Ganz gleich, woraus diese Einsicht erwachsen ist, sie hat etwas sehr Tröstliches. Sie sorgt für mehr Gelassenheit. Und Gelassenheit ist eine wesentliche Schlüsselqualifikation im Gesamtverlauf der Ironmom. Teilnehmerinnen, denen es gelungen ist, gelassener mit den Herausforderungen umzugehen, kommen deutlich entspannter ans (noch in weiter Ferne liegende) Ziel.

Gelassenheit ist in erster Linie ein Produkt der Erfahrung: Das verweigerte Abendessen hat nicht dazu geführt, dass Leonie vor lauter Hunger die ganze Nacht geschrien hat; Fieber steigt, sinkt aber auch wieder; ein Stück Kuchen und zwei Schokoladeneier machen nicht abhängig. Gelassenheit ist aber auch erlernbar. Die zwölf Gebote der Gelassenheit können dabei helfen.

- Nicht jede Aktion des Babys benötigt eine sofortige Reaktion der Mutter.
- Ein Baby kommt ganz gut einige Zeit ohne die Mutter aus.
- Berge von ungespültem Geschirr sind auch ein Naturschauspiel.
- Man kann Flecken tatsächlich weglachen.
- Chaos verstellt nicht den Blick aufs Wesentliche.
- Minutiöse Planung und Geduld schließen sich gegenseitig aus.
- Terminkalender war gestern, Kinder leben im Hier und Jetzt.
- Kinder revolutionieren die Zeitrechnung. Sie können aus Stunden Minuten machen, aber auch aus Minuten Stunden. Am Ende gleicht sich so alles wieder aus.
- Kinder machen lassen heißt, sie für das Leben lernen lassen.
- Lachfalten sind besser als Sorgenfalten.
- Besser gut gemeint als perfekt gemacht.
- Beobachten statt Einmischen. Macht mehr Spaß, klug und weniger erschöpft.

Mit diesen zwölf Geboten in der Trainingstasche können die Athletinnen nun entspannt zur ersten Siegerehrung schreiten, um ihren ersten Etappensieg und sich selbst ausgiebig zu feiern.

Ein Jahr Ironmom: Siegerehrung

»*Every 1's a winner*«
Hot Chocolate, 1978

Ihr Kind feiert seinen ersten Geburtstag. Herzlichen Glückwunsch. Vor allem an Sie. Gratulation zur erfolgreichen Teilnahme an der

Ironmom
Siegerurkunde (1. Etappensieg)

Nach über einem Jahr hartem Training inklusive unzähliger Belastungstests, Phasen der maximalen physischen und psychischen Erschöpfung, permanenter Beanspruchung, Kräfte zehrender Übungen, zahlloser Wiederholungen, herber Rückschläge, glücklicher Erfolge, anstrengender Herausforderungen, kurzer Verschnaufpausen, endloser Einsätze, wahnsinniger Work-outs, ausgedehnter Spagate, geduldiger Hingabe, konditioneller Höchstleistungen bei totaler Selbstaufgabe gebührt allen Athletinnen eine kurze, temporäre aber dankbare, Respekt zollende und enthusiastische Siegerehrung.

Öffnen Sie eine Flasche Sekt, lehnen Sie sich für einen kurzen Moment zurück und feiern Sie sich. Das haben Sie sich wirklich verdient,

- weil Sie alles gegeben haben;
- weil Sie über sich selbst hinaus gewachsen sind;

- weil Sie nicht aufgegeben haben;
- weil Sie immer weitergemacht haben;
- weil Sie alle Anstrengungen gemeistert haben;
- weil Sie Tag und Nacht einsatzbereit waren;
- weil Sie geduldig waren;
- weil Sie sich immer wieder aufs Neue der Verantwortung gestellt haben;
- weil Sie oft verzweifelt waren …
- und sich immer wieder zusammengerissen haben;
- weil Sie so oft an Ihre Grenzen gegangen sind …
- und darüber hinaus;
- weil Sie manchmal die Fassung, …
- aber nie den Mut verloren haben;
- weil Sie selbst die 1000. Wiederholung des Immergleichen irgendwie absolviert haben;
- weil Sie sich immer aufs Neue motiviert haben;
- weil Sie sich von Misserfolgen und Rückschlägen immer wieder erholt haben;
- weil Sie sich Ihren Sorgen und Ängsten gestellt und sie überwunden haben;
- weil Sie sich manchmal Ihr altes Leben zurückgewünscht haben, …
- aber dennoch das Neue angenommen haben;
- weil Sie trotz aller Müdigkeit immer ein waches Auge für Ihr Kind haben;
- weil Sie Ihre Bedürfnisse noch nie so lange so konsequent hintangestellt haben;
- weil Ihr Körper Unglaubliches geleistet hat;
- weil Sie gelernt haben, was Demut bedeutet;
- weil Sie gelernt haben, dass es Dinge gibt, die stärker sind als Ihr Wille;

- weil ein kleiner Mensch Sie zwar oft an den Rand der Verzweiflung, ...
- aber nie um den gesunden Menschenverstand gebracht hat;
- weil Sie jetzt wissen, was Durchhalten bedeutet;
- weil Sie oft wütend waren, ...
- aber immer wieder verziehen haben;
- weil Sie sich bestimmt manchmal lächerlich gemacht haben, ...
- es Ihnen aber nicht peinlich war;
- weil Sie begriffen haben, dass einem nichts geschenkt wird, ...
- außer einem ganz bezaubernden kleinen Wesen;
- weil Sie begriffen haben, dass manche Dinge wirklich Zeit brauchen;
- weil Sie sich einer Aufgabe angenommen haben, die Sie zu Recht als Ihr Lebenswerk betrachten können;
- und weil Sie die vielleicht größte Liebe Ihres Lebens kennen gelernt haben.

In diesem Sinne: weiter so! Auf in die nächste Trainingseinheit!

Mit Mut, Fairness, Enthusiasmus, Motivation, Gelassenheit, Pragmatismus, Freude, Spannung, Energie, Spaß, Begeisterung, Geduld, Solidarität und dem richtigen Sportsgeist.

Literatur

Baisch, Volker: Interview im Apothekenmagazin *Baby & Familie*, 10/2006

Beltzig, Günter: Interview in *Nido*, 6/2010, Gruner & Jahr

Badinter, Elisabeth: Interview mit *Der Spiegel*, 34/2010

Der Spiegel 2/2005 (zu Babygeschrei und Guantanamo)

Deutsche Gesellschaft für Ernährung e.V.: Ernährungsbericht 2000, Studie »Stillen und Säuglingsernährung« (kurz SuSe)

Eberspächer, Hans: Mentales Training, Copress, 2001

Eltern 6/2010

Ende, Michael: Momo, Thienemann, 1973

Apotheken Umschau, Umfrage durchgeführt von der GfK Marktforschung Nürnberg, 2010

Fthenakis, Wassilios Emmanuel:« Die Rolle des Vaters in der Familie«. Studie im Auftrag des Bundesministeriums für Familie, Senioren, Frauen und Jugend, 2001

Institut für Demoskopie Allensbach, Familienmonitor 2010

Kopp, Zensho W.: Worte eines Erwachten – Aphorismen eines westlichen Zen-Meisters, Schirner, 2008

Sveland, Maria: Bitterfotze, Kiepenheuer & Witsch, 2009

SZ-Magazin Heft 31/2007

Unseld, Melanie: Mozarts Frauen. Begegnungen in Musik und Liebe, Rowohlt, 3. Aufl. 2005

Van de Rijt, Hetty/Plooij, Frans X.: Oje, ich wachse!, Goldmann, 1994

Zimmermann, Dorit (Hrsg.): Knaurs Babybuch, Knaur, 2005